_____ 님께

드립니다.

역 / 전 / 의 / 명 / 수

역 / 전 / 의 / 명 / 수

난공불락의 1위를 뒤집은 창조적 추격자들의 비밀

박종훈 지음

INFLUENTIAL
인플루엔셜

그대가 할 수 있는 것,
혹은 할 수 있다고 꿈꾸는 것, 그것을 시작하라.
천재성과 힘, 그리고 마법은
대담함 속에 들어 있다.

— 괴테(J. W. Goethe)

차례

2장 창출하지 말고 연결하라

3장 추격자의 눈으로 다르게 보라

7장 구성원의 신념을 끌어올려라

JTBC는
어떻게 KBS를 역전했는가

1998년 3월, 필자가 입사할 당시 KBS는 승리의 기쁨과 자신감으로 한껏 들떠 있었다. 그도 그럴 것이 KBS 뉴스가 결코 따라잡지 못할 것이라고 생각했던 MBC 뉴스를 상대로 대역전에 성공한 직후였기 때문이다.

1993년만 해도 〈KBS 9시 뉴스〉 시청률은 〈MBC 뉴스데스크〉의 절반 정도밖에 되지 않았다.[1] 더구나 오랫동안 그런 시청률에 익숙해 있다 보니 MBC 뉴스의 시청률은 쉽게 넘볼 수 없는 거대한 장벽처럼 여겨져왔다. 그런데 1994년부터 그 절대적 우위에 조금씩 금이 가기 시작했다. KBS 뉴스 시청률이 슬금슬금 MBC를 따라가더니 어느 순간 MBC를 역전했고 1998년에는 MBC를 완전히 따돌리는 데 성공했다.

이 같은 놀라운 역전이 가능했던 이유는 KBS가 1990년대 새로운 시청층으로 떠오른 베이비붐 세대(한국전쟁 이후 출생률이 급증한 1955년부터 1963년 사이에 출생한 세대)의 새로운 니즈를 간파하고 그 눈높이에 맞는 대대적인 혁신에 성공했기 때문이었다. 당시 KBS는 정부의 대변인 같던 과거의 이미지에서 벗어나 심층 고발 뉴스를 강화하고 현장성 있는 생생한 보도와 피부에 와닿는 생활 정보를 대폭 확대했다.

대역전에 성공한 KBS는 20년 가까이 뉴스 시청률에서 줄곧 1등을 차지했다. 하지만 오랫동안 뚜렷한 경쟁자가 없는 이러한 환경이 오히려 KBS의 쇠락을 불러오는 원인이 되었다.

2010년대 이후 KBS 안팎에서 공정성과 경쟁력 하락에 대한 비판이 끊임없이 제기됐지만 변화의 노력은커녕 최소한의 위기의식도 성찰도 없었다. KBS 경영진은 여전히 뉴스 시청률이 1등이라는 점을 방송의 공정성과 경쟁력을 담보해주는 '전가의 보도傳家寶刀'로 내세웠다. 하지만 시청률이 1등이라는 사실이 미래의 경쟁력을 담보해주는 것은 아니었다. 이미 젊은 시청자들은 공중파 TV를 통해 뉴스를 소비하고 있지 않았기 때문에 노년층의 충성도가 높은 KBS 뉴스의 시청률이 상대적으로 다른 방송국보다 높은 것 같은 착시 현상이 나타났을 뿐이었다.

2010년대 뉴미디어와 소셜미디어가 등장하면서 시청자들이 뉴스를 소비하는 방식이 완전히 달라졌다. 이제 시청자가 언론이 전달하는 정보를 그대로 믿지 않고 스스로 사실관계를 검증하여 그 뉴스를 보완하거나 반박·대체하는 의견을 피드백하고 확산시킬 수 있는 시대로 바뀌고 있었던 것이다. 그런데도 KBS는 지상파 뉴스 가운데 1등이라는 사실에 매몰되어 과거의 방식만 고집하며, 언론 환경의 엄청난 변화에서 뒤처지기 시작했다. 과거의 영광이 오히려 거대한 변화의 물결을 보지 못하게 만드는 방해물이 되고 만 것이다.

이런 상황에서 종합편성채널, 즉 종편이 등장했지만 당시에는 이들의 성공을 점치는 사람이 많지 않았다. 젊은 층은 뉴미디어로 뉴스를 소비하기 시작했고 기존의 방송 시장은 KBS, MBC, SBS 등 지상파

3사가 완전히 장악하고 있었기 때문에 신생 방송국이 파고들 틈은 도무지 보이지 않았다. 당시 종편을 시작하려던 한 언론사 사주는 "신문만 하면 천천히 망하고 방송을 하면 빨리 망한다"고 말해 큰 화제가 되기도 했다. 이는 당시 종편 시장에 진출하는 언론사들조차 종편의 미래를 비관적으로 생각했음을 엿볼 수 있는 발언이었다. 실제로 종편이 방송을 시작한 직후인 2011년 12월 종편의 평균 시청률은 고작 0.3퍼센트에 불과했다.

JTBC, 대역전극의 놀라운 비밀

서서히 반전이 일어나기 시작했다. JTBC가 기존의 지상파는 물론, 신문이나 뉴미디어에서 볼 수 없었던 심층 뉴스를 시도하면서 시청자들의 주목을 끌기 시작한 것이다. 더구나 최고 권력자에 대한 거침없는 고발은 물론 인터뷰나 토론, 팩트 체크 등 다양한 형태로 뉴스의 이면까지 심도 있게 다루기 시작했다.

JTBC는 전통적인 뉴스와 달리 심층 보도의 대상을 정하면 하루 이틀이 아니라 일주일 또는 몇 달을 줄기차게 파고들었다. 이 때문에 시청자들은 마치 잘 짜인 다큐멘터리나 드라마를 보듯 JTBC 뉴스를 기다리며 빠져들었다. 게다가 인터넷 뉴스나 소셜미디어로 이미 다 알려진 정보를 화려한 그래픽이나 영상으로 '가공'하는 데만 몰

JTBC는 전통적 뉴스들이 억제했던 것들을
오히려 추구함으로써 후발 주자로서의 약점,
자원의 열세를 보란 듯이 뒤집었다.

〈KBS 9시 뉴스〉는 공정성과 심층성을 무기로 2000년대 중반 최고
의 전성기를 누렸지만, 2014년 9월 시작된 〈JTBC 뉴스룸〉의 추격
을 막지 못했다. 2016년 겨울, JTBC는 시청률과 채널 선호도, 신뢰
도 등에서 압도적으로 다른 채널을 따돌렸다.

두해왔던 공중파 뉴스와 달리, JTBC는 다른 언론에서 다루지 않은 단독 보도와 새로운 콘텐츠 발굴에 역량을 집중하면서 점점 기존의 지상파 뉴스와 차별화하기 시작했다.

또한 기자들의 개성을 의도적으로 억제하고 평준화된 뉴스를 고집했던 지상파와 달리 JTBC는 기자 한 명 한 명의 개성을 살리고 캐릭터를 부여했다. 그 결과 JTBC 기자들의 팬덤까지 형성되면서 특히 젊은 층을 대상으로 고정 시청층을 늘려나가기 시작했다.

물론 방송 출범 초기 JTBC 기자들은 기존 지상파 기자들만큼 숙련도를 높일 기회가 없었기 때문에 세련미나 정교함이 지상파보다 다소 떨어졌다. 더구나 사전에 녹화된 뉴스 중심의 지상파와 달리 JTBC 뉴스는 생방송이 대부분이어서 당연히 방송 사고에도 취약했다. 하지만 지상파의 정형화된 '죽은' 뉴스에 싫증난 시청자들은 오히려 '날것' 같이 생생한 JTBC 뉴스에 열광했다.

그 결과 2016년 12월 〈JTBC 뉴스룸〉은 개국 5년 만에 처음으로 시청률 10퍼센트를 돌파했다. 이는 KBS보다는 낮지만 당일 SBS와 MBC의 메인 뉴스 시청률을 합친 것보다도 높은 수치로, 종편 뉴스 시청률의 새 역사를 쓴 것이었다.

더욱 극적인 역전은 뉴스 선호도에서 나타났다. 어느 방송사 뉴스를 즐겨 보는지에 대한 한국갤럽의 설문 조사 결과, 2013년 1분기에는 JTBC에 대한 뉴스 선호도가 고작 1퍼센트에 불과해 41퍼센트를 기록한 KBS를 결코 따라잡을 수 없을 것처럼 보였다. 하지만 3년 뒤인

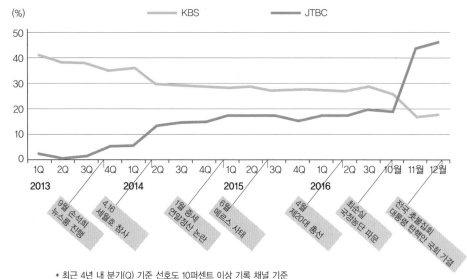

| 2013~2016년 분기별 주요 뉴스 채널 선호도 추이 |

KBS   JTBC

* 최근 4년 내 분기(Q) 기준 선호도 10퍼센트 이상 기록 채널 기준
* 조사는 매월 셋째 주 실시, 한국갤럽 데일리 오피니언 제240호 www.gallup.co.kr

2016년 4분기에는 JTBC의 선호도가 45퍼센트로 치솟아 올라 18퍼센트를 기록한 KBS를 완전히 따돌리는 대역전이 일어났다.

《시사저널》의 언론사 신뢰도 조사에서도 2013년까지 JTBC에 대한 신뢰도는 10위 안에도 들지 못할 정도로 형편없었다. 하지만 2014년에는 20.5퍼센트를 기록해 3위로 치솟아 오르더니, 2016년에는 무려 34.4퍼센트로 뛰어올라 2위인 KBS의 26.6퍼센트를 따돌리고 독보적인 1위를 차지했다.[2]

난공불락과도 같았던 지상파 뉴스를 상대로 시청률과 선호도, 신뢰성까지 모든 방면에서 3년 만에 대역전에 성공한 것이다. 그렇다면 JTBC가 이토록 짧은 기간에 대역전에 성공한 원인은 도대체 무엇이었을까?

시장 환경이 우호적이었다든가, 기존 지상파보다 우수한 자원이 많은 것은 결코 아니었다. 우선 JTBC가 방송을 시작할 무렵의 시장 환경은 그 어느 때보다도 가혹했다. 인터넷 매체와 소셜미디어의 급속한 성장으로 방송 시장 전체가 위축되고 있는 상황에서 지상파 3사는 물론 100여 개가 넘는 각종 채널이 무한경쟁을 하고 있었기 때문에 방송 시장은 레드오션으로 전락해 있었다. 더구나 가장 강력한 경쟁자인 지상파 방송국들은 오랫동안 축적해온 다양한 콘텐츠와 노하우, 숙련된 방송 인력을 보유하고 있었다. 이에 비해 JTBC는 축적된 콘텐츠나 숙련된 인력이 턱없이 부족한 상황에서 지상파라는 거대 공룡과 싸워야 했다.

하지만 이런 모든 불리한 역경을 딛고 JTBC는 누구도 예상하지 못한 드라마틱한 역전에 성공했다. 이런 역전이 가능했던 이유는 JTBC가 모든 구성원들을 공정 방송이라는 대의에 동참시키고 그들에게 언론인으로서의 '신념과 자부심'을 불어넣는 데 성공했기 때문이다. 그리고 뉴미디어와 전통 미디어 간의 경합을 통해 방송 시장이 재편되는 언론 환경의 변화 속에서 후발 주자로서의 약점을 오히려 강점으로 바꾸어 역전의 기회로 삼았다. 특히 시청자들의 니즈가 변화해가는 거대한 시장의 흐름과 기존 지상파 뉴스의 약점을 간파하는 예리한 '추격자의 눈'을 가지고 있었다. 또한 후발 주자라고 해도 조금만 노력하면 비교적 쉽게 우위를 선점할 수 있는 분야를 찾아서 여기에 방송사의 역량을 집중하는 '선택과 집중'을 통해 경쟁력을 확보했다.

드레이크처럼 프레임을 바꿔라

이처럼 후발 주자여도, 대단한 자원이 없어도 정상의 자리에 올라설 수 있다. 역전을 이룬 이들의 이야기가 마치 나와는 관계없는 특별한 성공 스토리처럼 보이지만 사실 인류의 역사는 끊임없는 '역전의 이야기'다. 특히 지금처럼 이른바 제4차 산업혁명이라는 거대한 흐름 속에서 서로 관계가 없었던 시장이 서로 연결되고 융합되어 자신과 전혀 관련이 없어 보였던 분야의 변화가 시장 전체를 뒤흔드는 나비 효과가 빈번히 일어나는 시대에는 역전을 '준비'하고 '기회'를 포착하는 것이 그 무엇보다 중요하다.

　게다가 기술 혁신의 속도가 가속화되고 제품의 교체 주기까지 빨라지면서 역전과 재역전이 거듭 일어나고 있다. 그 결과 후발 주자에게는 새로운 역전의 기회와 위기가 끝없이 반복되고, 또 반대로 제아무리 역전에 성공한 기업이라도 단 한순간만 방심하면 재역전을 당해 순식간에 몰락할 수 있는 환경이 되어버렸다. 기존 시장을 주도하고 있는 KBS는 물론 새로운 도전자인 JTBC 역시 역전을 위한 끝없는 자기 혁신을 소홀히 한다면 지금까지 이룩한 모든 것을 순식간에 잃어버릴 것이다. 이 때문에 이제 '역전'은 새롭게 도전하는 기업이나 개인뿐만 아니라 이미 시장을 선도하는 이들에게도 지속적인 번영을 위한 필수적인 수단이 되고 있다.

그렇다면 역전을 꿈꾸는 후발 주자에게 가장 중요한 것은 무엇일까? 바로 '경쟁의 프레임을 바꾸는 것'이다. 기존의 경쟁 프레임은 당연히 현재의 강자에게 유리할 수밖에 없기 때문에 후발 기업이 기존 프레임 안에서 시장 지배 기업과 정면 승부를 벌인다면 결코 승산이 없다.

후발 기업은 기존 시장 지배 기업의 힘을 무력화시킬 새로운 경쟁의 프레임을 찾아 바꾸어 나가야 한다. 이것이 바로 인류 역사에서 약자들이 강자를 역전해온 승리의 비결이다.

프랜시스 드레이크Francis Drake는 1540년 영국의 가난한 농부의 집에서 12자녀의 장남으로 태어났다. 그는 선원으로 일하다가 28세에 선주의 눈에 들어 선장이 되었다. 하지만 멕시코만에서 영국으로 돌아오는 도중 스페인 함대의 습격을 받아 선원들이 거의 전멸하고 가까스로 탈출했다.

이 굴욕적인 패배 이후 그는 스페인 함대에 대한 복수를 맹세했다. 하지만 힘없는 변방의 약소국이었던 영국의 힘없는 국민에 불과했던 젊은 드레이크가 어떻게 대양을 주름잡는 스페인 '무적함대'에 복수를 한단 말인가? 이 말도 안 되는 복수를 실현하기 위해 드레이크는 싸움

불리했기에 예상을 뒤엎는 전술을 선택한 드레이크처럼,
역사의 흥망성쇠는 프레임을
어떻게 유리하게 바꾸느냐에 따라 결정된 경우가 많았다.

칼레 해전(1588)을 그린 〈스페인 무적함대의 패배Defeat of the Spanish Armada〉(필립 제임스 라우더버그,
1796). 해적 출신이었던 드레이크 제독의 대승으로 이후 영국은 스페인의 뒤를 이어 새로운 해양 강국
으로 발전, '해가 지지 않는 나라'의 토대를 마련했다.

의 프레임을 바꾸기로 했다.

그는 당시 세계 최강인 스페인 함대와 정면 승부를 해서는 승산이 없다는 것을 잘 알고 있었다. 그래서 스페인의 부당한 공격에 대한 손해배상을 받아내겠다는 명분을 내세우며, 스페인 상단은 물론 당시 스페인의 식민지인 신대륙의 해안 도시를 약탈하는 악명 높은 해적이 되는 길을 택했다.

1577년에는 마젤란에 이어 두 번째로 세계 일주를 했지만 그 목적은 마젤란과 완전히 달랐다. 그는 지구를 한 바퀴 돌면서 스페인을 상대로 노략질을 해서 엄청난 재물을 획득했고, 항해 도중 숨진 마젤란과 달리 세계 일주에서 살아 돌아온 최초의 선장이 되었다. 그는 이렇게 노략질한 재물의 절반을 기꺼이 영국 여왕에게 바치고 기사 작위까지 받았다.

참다못한 스페인은 영국의 엘리자베스 1세에게 드레이크를 당장 참수하지 않으면 영국을 침공하겠다고 협박했지만 엘리자베스 1세는 스페인의 요구를 보기 좋게 무시했다. 결국 스페인이 무적함대로 영국 정벌에 나서자 엘리자베스 1세는 드레이크를 부제독으로 임명하고 무적함대와 맞서 싸우게 했다.

드디어 스페인과의 정면 승부가 시작되었지만 스페인의 막강한 무적함대 앞에서 영국의 전력은 초라하기 짝이 없었다. 당시 해전은 배를 서로 맞붙여놓고 백병전을 벌이는 것이었는데 영국에는 백병전을 할 전투병이 거의 없었다.

이런 불리한 상황에서 드레이크가 택한 전략은 기존의 전투 프레임을 자신들에게 유리하게 바꾸는 것이었다.

1588년 4월, 드레이크는 프랑스 칼레 항구에 머물고 있던 스페인 함대를 향해 화약을 가득 싣고 불을 붙인 여섯 척의 배를 떠내려 보냈다.

갑작스러운 화공으로 혼란에 빠진 스페인 함대는 항구를 빠져나오자마자 기존의 프레임대로 백병전을 하려고 했지만 영국 함대는 위력은 약한 대신 사정거리가 긴 대포를 사용해 치고 빠지는 전법으로 스페인 함대를 계속 괴롭혔다.

결국 이 같은 게릴라 전법에 견디다 못한 스페인의 무적함대는 후퇴를 결정했다. 하지만 스페인으로 가는 퇴로가 막히자 어쩔 수 없이 험난하기로 유명한 북해를 돌아가게 되었다. 이때 마침 불어닥친 폭풍 때문에 스페인의 무적함대는 거의 괴멸에 가까운 피해를 보게 되었다. 이 유명한 칼레 해전은 영국과 스페인의 제해권制海權을 바꾸어놓는 결정적인 계기가 되었다.

결국 드레이크는 젊은 시절 맹세했던 대로 불가능해 보였던, 스페인에 대한 복수에 통쾌하게 성공했다. 만일 그가 절대강자였던 스페인이 만들어놓은 전쟁의 프레임 안에서 정면 승부를 했다면 아마도 평생 갈고닦아 힘을 키우고 목숨을 걸었어도 결코 승리하지 못했을 것이다. 드레이크는 기존의 프레임을 뒤집어 자신에게 유리한 프레임에서 싸웠기 때문에 놀라운 역전에 성공할 수 있었다.

당신이 역전을 꿈꾸는 후발 주자라면 프랜시스 드레이크처럼 기존의 프레임을 완전히 탈피하여 자신에게 유리한 새로운 방식으로 싸워야 한다. 기존의 프레임을 자신에게 유리하게 바꾼 사람들만이 불리한 여건에서 놀라운 역전을 이루어낼 수 있었다.

이 책에 소개할 역전의 기술은 프레임 전환의 방법에 관한 것이다. 나는 세계 여러 기업들의 흥망성쇠와 놀라운 역전의 사례들을 분석하여 공통된 '역전의 기술'들을 찾아 정리했다. 만약 당신이 결코 역전할 수 없는 불리한 상황에 처해 있다고 생각된다면 세계 최강의 무적함대에게 많은 선원을 잃고 멕시코만에 가까스로 살아남은 드레이크를 상상해보라. 당신이 아무리 힘들고 불리한 상황에 처해 있더라도 그때의 드레이크보다 절망적이고 암담하지는 않을 것이다. 가난한 농민의 아들이었던 드레이크가 세계 최강대국 스페인의 무적함대를 무너뜨리는 역전에 성공했듯이, 당신도 기존의 프레임을 바꾼다면 언제든 역전할 수 있다.

이 책이 예측할 수 없을 정도로 격변하는 새로운 환경에서 살아남아야 하는 기업들뿐만 아니라 치열한 경쟁 속에서 가진 것 없이 맨몸으로 싸워나가야 할, 이 시대 역전을 꿈꾸는 모든 이들에게 작은 이정표가 되길 바란다.

1

남들이 포기한
타이밍을 잡아라

◆

현재 상태를 유지하기 위해 죽도록 달려야 하는 붉은 여왕의 세계는 앞으로 장기 불황 시대에 맞이할 우리의 자화상이기도 하다. 그런데 후발 주자의 입장에서 보면 붉은 여왕의 세계 또는 그러한 시대야말로 추격과 역전을 위한 절호의 기회가 될 수 있다. 아무리 뛰어난 1등이라도 순식간에 도태될 수 있는 시대야말로 역전을 꿈꾸는 이들에게는 대약진, 즉 퀀텀 점프의 기회가 될 수 있기 때문이다.

"우리는 시간에 살고 시간에 죽지.
그래서 타이밍을 실수하면 안 되는 거야."

― 영화 <캐스트 어웨이>의 대사

붉은 여왕의 세계와 역전의 타이밍

앨리스가 숨을 헐떡이며 붉은 여왕에게 물었다.

"이렇게 힘껏 달리고 있는데, 왜 우리는 이 나무 주변을 벗어나지 못하나요? 내가 살던 나라에서는 이렇게 열심히 달리면 어딘가에 도착했을 텐데요?"

그러자 붉은 여왕이 호통을 쳤다.

"이 느림보 같으니, 여기서는 힘껏 달려야 제자리야. 어딘가 다른 곳에 가고 싶으면 두 배는 더 빨리 달려야 해."

영국의 작가이자 수학자인 루이스 캐럴Lewis Carroll이 《이상한 나라의 앨리스》의 후속작으로 쓴 《거울 나라의 앨리스》[1]의 한 대목이다. 책에 나오는 붉은 여왕의 세계에서는 멈춰 있으면 뒤로 밀려나기 때문에 제자리에 있기 위해서는 끊임없이 달려야 하는 기묘한 법칙이 작용한다. 한 사물이 움직이면 다른 사물도 그만큼의 속도로 움직이는 특이한 세계이기 때문이다.

미국 스탠퍼드 대학교의 윌리엄 P. 바넷William P. Barnett 교수와 UC버클리 대학교의 모튼 T. 핸슨Morten T. Hansen 교수는 붉은 여왕의 세계를 경영학에 접목시켰다.[2] 바넷과 핸슨 교수는 승자가 된 기업이 경쟁 기업의 움직임을 쉴 새 없이 살피며 계속 분발하지 않으면 언제든 새로운 경쟁 기업이 나타나 쉽게 도태된다면서 이를 '붉은 여왕 효과Red Queen Effect'라고 불렀다. 프롤로그에서 살펴보았던 KBS의 사례도 이에 해당한다. 치열한 경쟁이 벌어지는 붉은 여왕의 세계에서는 과거 방식대로 조금 더 열심히 뛰는 정도로 순식간에 새로운 후발 주자에 밀려 도태될 수밖에 없다.

현재 상태를 유지하기 위해 죽도록 달려야 하는 붉은 여왕의 세계는 앞으로 장기 불황 시대에 맞이할 우리의 자화상이기도 하다. 이미 내가 《박종훈의 대담한 경제》에서 경고했던 것처럼 우리 경제는 인구구조 악화와 생산성 둔화, 그리고 과도한 부채로 인해 전례 없는 장기 불황의 위기에 직면해 있다.

장기 불황이 시작되면 제자리에 서 있는 기업은 결국 뒤처질 수밖에 없기 때문에 현 상태를 유지하기 위해서라도 더욱 가속도를 내서 달려야 한다. 비용 절감이나 가격 인하, 투자 축소와 같은 소극적인 전략으로 제자리를 지키려고 하다가는 순식간에 밀려나 몰락할 것이다.

그런데 후발 주자의 입장에서 보면 붉은 여왕의 세계 또는 그러한 시대야말로 추격과 역전을 위한 절호의 기회가 될 수 있다. 아무리 뛰어난 1등이라도 순식간에 도태될 수 있는 시대야말로 역전을 꿈꾸는 이들에게는 대약진, 즉 퀀텀 점프Quantum Jump*의 기회가 될 수 있기 때문이다.

그렇다면 붉은 여왕의 시대를 위기가 아닌 역전의 기회로 삼으려면 어떻게 해야 할까? 그 첫 번째 해답은 바로 '최적의 역전 타이밍'을 골라 기존의 경쟁 프레임을 뒤흔드는 데 있다.

●
●

켈로그는 대공황을 어떻게 활용했을까

우유만 부으면 간단한 한 끼 식사가 되는 시리얼은 이제 미국인들만이 아니라 세계인들의 간편한 아침 식사로 자리 잡았다. 그런데 원래 시리얼은 일반인의 식사가 아니라 요양원 환자들의 요양식으로 개발된 식품이었다.

1894년 세계 최초로 콘플레이크를 개발해 시리얼의 기초를 다진 사람은 미국의 의학 박사였던 존 켈로그John Harvey Kellogg와 그의 동생 윌 켈로그Will Keith Kellogg였다. 그런데 켈로그 형제가 시리얼을 개발한 것은 계획된 것이라기보다 우연에 가깝다.

금욕 생활을 중시하는 제칠일안식일예수재림교회의 독실한 신자였던 켈로그 형제는 곡물로 만든 담백한 음식이 환자들의 금욕과 정

---

* 양자가 어떤 단계에서 다음 단계로 갈 때 계단의 차이만큼 뛰어오르는 현상을 뜻하는 물리학 용어다. 경제학에서는 이를 차용해 한 기업이나 한 나라의 경제가 비약적으로 도약하는 경우를 퀀텀 점프라고 부른다.

신 건강에 좋을 것이라는 신념을 가지고 제임스 잭슨James C. Jackson 박사가 개발한 그래눌라Granula를 기반으로 새로운 식품을 개발하기 위해 온갖 실험을 하고 있었다.

그러던 어느 날, 오래된 밀가루 반죽을 실수로 뜨거운 롤러로 누르는 바람에 밀가루가 딱딱하게 굳어지고 말았다. 음식을 망쳤으니 당연히 버려야 했지만 요양원을 운영할 예산이 충분하지 않았던 켈로그 형제는 과자처럼 딱딱하고 이상한 이 음식을 환자들에게 제공했다.

켈로그 형제는 환자들이 불평할까 봐 마음을 졸였지만 전혀 예상하지 못한 일이 일어났다. 많은 환자들이 처음 먹어보는 음식에 매료되어 이렇게 맛있는 것을 또 먹을 수 없느냐고 보채기 시작한 것이다. 이후 켈로그 형제가 아예 환자들을 위한 요양식으로 이 음식을 제공하기 시작하면서 지금의 콘플레이크가 탄생하게 되었다.

바로 그해 정신질환을 앓고 있던 C. W. 포스트C. W. Post라는 사업가가 이 요양원에 입원하게 되었다.[3] 그는 요양식으로 나온 콘플레이크를 맛보고는 깊은 인상을 받고 곧바로 켈로그 박사에게 이를 사업화하자고 졸랐다. 하지만 켈로그 박사가 환자들의 요양식을 상업적으로 이용하지 않겠다며 단칼에 거절하자 포스트는 요양원을 뛰쳐나와 이듬해인 1895년 포스트 시리얼Post Cereals이라는 회사를 세우고 시리얼을 대량생산하기 시작했다.

나중에 켈로그 박사가 이 사실을 알고 포스트가 금고에 있던 자신의 콘플레이크 조리법을 몰래 훔쳐가 회사를 세웠다며 노발대발했지만 당시만 해도 특허법이 지금처럼 발달해 있지 않았기 때문에 별 소용이 없었다. 결국 포스트사는 빠르게 시장을 개척해나갔고 이를 따라 수많은 군소 시리얼 회사들이 난립하기 시작했다.

이렇게 불리한 상황에서 동생 윌 켈로그는 형인 켈로그 박사의 반대를 무릅쓰고 1906년 드디어 자신의 회사인 켈로그사Kellogg Company를 세우고 포스트사를 맹추격하기 시작했다. 하지만 이미 포스트사가 시장을 장악한 데다 군소 업체까지 난립하고 있었기 때문에 뒤늦게 시장에 뛰어든 켈로그가 포스트를 따라잡기는 이미 늦은 것처럼 보였다.

그런데 세계 대공황이 시작되면서 반전이 일어났다. 세계 대공황이 시작된 1929년부터 단 3년 동안 미국에서 8만여 개의 기업이 파산하고 5000여 개의 은행이 무너졌다. 존폐의 기로에 서 있던 많은 기업이 너도나도 위기 경영에 나섰다. 시리얼 업계에서 독보적 1위였던 포스트사도 대부분의 다른 기업들처럼 근로자를 대량 해고하고 마케팅을 대폭 축소했다.

포스트사가 이 정도였으니 후발 주자인 켈로그사도 허리띠를 졸라매야 할 상황이었다. 하지만 켈로그사는 경제 위기 상황이 오히려 시리얼 판매를 확대할 새로운 기회가 될 것이라고 보았다. 아무리 주머니가 가벼워져도 어쨌든 식사를 해야 하니 값싸고 빠르고 간편하게 먹을 수 있는 시리얼이 인기를 끌 수 있으리라고 생각한 것이다. 바로 경쟁의 프레임을 뒤흔든 사고의 전환이었다.

뒤늦게 시장에 뛰어든 켈로그는
어떻게 포스트를 따라잡았을까?
세계 대공황이 시작되면서
대부분의 기업들이 대량 해고와 마케팅 축소를 단행할 때,
켈로그는 생각의 방향을 바꾸었다.

대공황 당시 켈로그 포장(상)과 포스트 광고 이미지(하). 켈로그는 세계 대공황이라는 최악의 위기 속에서 적극적인 마케팅과 사회적 나눔을 통해 기존 시장 지배자인 포스트를 밀어내는 최적의 역전 타이밍을 찾아냈다.

켈로그는 마케팅 비용을 대공황 이전보다 두 배로 늘리고 적극적인 홍보에 나섰다. 특히 자사의 시리얼이 환자들의 요양식에서 시작됐다는 것을 내세우며 지금까지 나온 시리얼보다 영양 측면에서 우월하다는 점을 강조했다.

켈로그는 대공황으로 직장을 잃거나 거리로 내몰린 극빈자들에게 자사의 시리얼을 무료로 배급했다. 또한 다른 경쟁사들이 직원들을 대량 해고한 것과 대조적으로, 직원들의 하루 근무 시간을 여섯 시간으로 대폭 줄이는 '일자리 나눔'을 통해 고용을 철저하게 유지했다.

게다가 대공황의 한복판이었던 1930년에 어린이들을 위한 아동복지재단을 설립하고 4년 동안 6000만 달러(현재 화폐 가치로 2조 원 정도)에 이르는 막대한 기금을 기부했다. 이 같은 노력을 통해 켈로그는 포스트를 밀어내고 1위 업체로 우뚝 올라섰다.

우리는 흔히 경기 불황이 시작되면 기존에 시장을 지배하고 있던 기업에게 유리하고 후발 주자에게는 불리하기 때문에 역전이 더욱 어려워질 것이라고 지레 짐작하는 경우가 많다. 하지만 이런 선입관과 달리 오히려 극심한 불황 속에서 더욱 활발한 역전이 이루어져왔다.

미국의 컨설팅 전문 업체인 맥킨지가 닷컴버블Dot-com Bubble*이 붕괴되면서 불황이 시작된 2000년부터 2001년까지 상위 25퍼센트의 기업을 조사해본 결과, 비非 금융 기업 10개 사 중에 네 개 사, 금융 기

● IT 관련 분야가 성장하면서 주가가 급등했던 1995년부터 2000년에 걸친 거품 경제 현상이다. 2000년 이후 IT 기업의 주가가 급락하면서 거품 붕괴 현상이 나타났다.

업 10개 사 중에 세 개 사가 새로운 기업으로 교체된 것으로 나타났다.[4] 버블 붕괴 속에서 활발한 역전극이 펼쳐진 것이다.

1997년 한국의 외환 위기 때도 비슷한 현상이 나타났다. 외환 위기가 시작되자 한때 업계를 선도했던 대표적인 기업들이 파산하거나 심각한 경영 위기를 겪었지만 추격자들은 그 어느 때보다 맹렬한 도전에 나서면서 시장의 오랜 1등을 꺾고 새로운 강자로 속속 등장했다.

실제로 삼성경제연구소가 1996년에서 2000년까지 거래소 상장사 중 1000억 원 이상의 매출을 올리는 375개 사를 상위 25퍼센트의 고성과군高成果群 기업과 하위 75퍼센트의 저성과군低成果群 기업으로 나누고 외환 위기를 거치면서 어떤 변화를 겪었는지 추적한 결과, 고성과군 기업 중 무려 3분의 2가 새로운 기업으로 교체된 것으로 나타났다.[5]

이처럼 불황이 가혹하고 경제의 변동성이 커질수록 역전의 드라마가 더 활발히 펼쳐지게 된다. 불황은 누구에게나 어려운 시기지만 동시에 새로운 변수를 만들어내는 시기이기도 하다. 이 때문에 새로운 시장의 변화를 먼저 알아채고 이를 이용하면 난공불락처럼 보였던 기존의 시장 지배자라도 얼마든지 역전할 수 있다. 기존의 프레임을 뒤흔들었기 때문이다. 가장 결정적인 역전의 타이밍은 모두가 적극적으로 투자하는 호황기가 아니라 남들이 모두 포기했을 때 찾아온다.

왜 불황기에 투자하는 역발상이 유리할까

시장 전체가 극심한 불황을 겪거나 심각한 위기를 맞게 되면 대부분의 기업들은 극도의 긴축 경영을 하게 된다. 그런데 역전에 성공한 기업들은 불황기에 남들처럼 긴축 경영을 한 것이 아니라 오히려 투자를 늘리는 역발상을 했다. 그 대표적인 기업이 바로 삼성전자다. 반도체 분야에 뒤늦게 뛰어든 삼성전자가 지금의 독보적인 1등의 위치를 차지하게 된 이유는 반도체 시장의 불황을 오히려 역전의 기회로 삼았기 때문이었다.

삼성전자가 처음 메모리 반도체를 양산하기 시작한 것은 1983년이었다. 당시 64K디램의 가격은 4달러였지만 이듬해 메모리 반도체의 과잉 공급으로 디램 가격이 30센트로 곤두박질쳤다. 제조원가가 1달러 30센트였기 때문에 하나를 팔 때마다 1달러씩 손해를 보는 구조였다.

극심한 불황이 시작되자 업계 선두였던 일본이나 미국의 기업들이 설비투자를 확대하기는커녕 오히려 기존 설비까지 팔기 시작하고 반도체 생산 설비 가격은 폭락했다. 덕분에 불황기에 뛰어든 삼성전자는 낮은 비용으로 반도체 생산 설비를 대폭 확대할 수 있었다.

삼성전자는 불황기에 생산 설비를 늘렸기 때문에 생산단가를 낮출수 있었지만 호황기에 뛰어든 미국과 일본의 기업들은 그렇지 못했다. 64K디램 하나를 생산할 때마다 1달러를 손해 보는 구조를 버티지 못하고 결국 사업을 접거나 생산 규모를 대폭 축소했다.

전 세계적으로 반도체 생산이 큰 폭으로 감소하자 반도체 품귀 현상이 일어나면서 1987년부터 가격이 폭등하기 시작했다. 그 결과 불황기에 생산 설비를 줄였던 기업들은 몰락한 반면 설비투자를 늘리고 생산 규모를 확대했던 삼성전자가 시장의 수요를 장악하면서 기존 기업들의 빈자리를 메우고 엄청난 이윤을 누리게 되었다.

그 결과 삼성전자는 반도체 시장 진출 10년 만인 1993년에 세계 1위 업체로 우뚝 서게 되었다. 삼성전자는 이 같은 역전의 경험을 바탕으로 다른 업체들이 불황을 이유로 소극적인 경영을 할 때 오히려 공격적인 투자를 하는 역발상으로 시장점유율을 높이면서 반도체 시장을 주도하기 시작했다.

불황기에 투자하는 역발상이 유리한 이유는 무엇일까? 우리가 2010년에 겪었던 배추 파동을 들여다보면 그 이유를 알 수 있다.[6]

2010년 말 배추 도매가격이 한 포기에 1만 1100원까지 치솟자 일부 음식점에서는 배추김치 대신 양배추김치까지 등장했다. 배추 파동을 겪은 농민들은 2011년에는 너도나도 '돈이 되는' 배추를 심었다. 그 결과 배추 공급이 폭증하면서 2012년 배추 한 포기 값은 890원으로 폭락했다. 큰 손해를 본 농민들은 이듬해인 2012년에는 배추 재배 면적을 크게 줄였다. 그러자 다시 배추 수확이 급감하면서 배추 도매가격은 한 포기에 1만 3300원까지 뛰어올랐다.

배추 파동에서는 가격이 오르면 공급이 늘어나고 가격이 내리면 공급이 줄어들어 균형가격으로 가는 '시장의 원리'가 작동하지 않았다. 배추를 심고 수확할 때까지의 시차 탓에 배춧값이 폭등했다고 곧바로 공급을 늘리거나 배춧값이 폭락했다고 공급을 갑자기 줄일 수가 없었기 때문이다. 앞에서 살펴본 삼성전자의 사례처럼 말이다.

반도체 산업처럼 공장 설비를 늘리거나 줄여서 공급량을 조절하는 데 시차가 존재하는 산업에서는 배추 파동과 같이 제품 가격이 급등과 급락을 반복하는 현상이 일어난다. 이런 산업에서 가격 파동이 시작되면 호황과 불황이 거미집 모양의 거대한 사이클을 그리며 반복되게 된다. 경제학에서는 이 같은 현상을 '거미집 모형Cobweb Model'으로 설명한다.

38쪽 그림에서 반도체 가격이 E에서 균형을 이루고 있었다고 가정해보자. 새로운 반도체 기업이 대거 시장에 진입하여 공급이 크게 늘어나면 균형점이 공급곡선을 따라 ❶로 이동하게 된다. 그래도 반도체 업체들은 곧바로 생산 설비를 줄이지 못하기 때문에 초과 공급이 계속되어 가격은 ❷로 급락하고 반도체 시장의 불황이 시작된다.

불황 속에서 반도체 업체들이 생산 설비를 과도하게 줄이고 심지어 일부 반도체 업체가 퇴출되면 몇 년 뒤에는 오히려 반도체 생산량이 급감하여 수요·공급곡선에서 균형점이 ❸으로 이동하게 된다. 이번에는 반도체 생산량이 부속하기 때문에 반도체 가격이 ❹로 급등하게 되어 호황이 찾아온다. 반도체 가격이 급등하면 너도나도 생산 설비

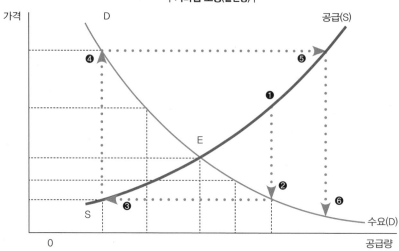

| 거미집 모형(발산형) |

를 늘리기 때문에 반도체 생산량이 급증해서 다시 반도체 시장에 불황이 온다. 이런 방식으로 호황과 불황을 반복하게 된다.

만일 설비투자를 늘리거나 줄이는 데 오랜 시간이 걸리는 장치 산업이 거미집 모형에 따라 호황과 불황을 반복하고 있다면 불황기에 투자를 늘리는 역발상 전략이 매우 유용하다. 특히 모두가 신규 투자를 꺼리는 불황의 가장 깊은 심연에서 설비투자를 시작하면 경기가 본격적으로 회복되기 시작할 무렵에는 설비투자가 완성되어 엄청난 이득을 볼 수 있을 것이다.

자영업자들도 마찬가지다. 우리나라에서는 자영업자들이 호황의 끝물에 시장에 진출했다가 낭패를 당하는 경우가 적지 않다. 이는 배춧값이 폭락하기 직전에 배추를 심는 것만큼이나 위험한 일이다. 그 대표적인 사례가 최근 불꽃처럼 큰 인기를 끌었다가 순식간에 사그라진 닭강정 프랜차이즈와 대만 대왕 카스테라다.

크게 인기를 끌고 있다고 느껴지는 시장일수록 신중하게 접근해야한다. 유행을 타는 자영업 분야에서 호황의 파동이 정점에 이르렀을 때 투자를 시작하면 가맹비나 임대료 등 시장 진입 비용이 크게 뛰어오르게 되기 때문이다. 초기 진입 비용이 높아질 대로 높아진 상태에서 경쟁 업체들마저 우후죽순 늘어나게 되면 가게 운영에 큰 어려움을 겪을 수밖에 없다. 시장 태동 단계에 발 빠르게 진출한 게 아니라면 유행의 끝물에 창업하기보다는 시장이 아직 태동 단계에 있는 다른 업종을 찾아내거나, 차라리 그 업종이 불황을 이겨내고 다시 재반등할 때를 노려서 창업하는 것이 초기 진입 비용은 물론 경쟁 압력 측면에서 훨씬 유리할 것이다.

불황은 기술과 설비의 바겐세일 기간

2002년 조선 업계의 극심한 불황으로 스웨덴의 자랑이었던 조선 업체 코쿰스Kockums가 무너졌다. 코쿰스를 정리하는 과정에서 돈이 되는 것은 무엇이든 닥치는 대로 내다 팔아치우던 채권단은 말뫼Malmö 시에 있는 조선소의 핵심 생산 자산인 갠트리 크레인Gantry Crane, 일명 골리앗 크레인까지 매물로 내놓았다.

당시만 해도 조선 업계의 불황이 언제 끝날지 모르는 상황이었기 때문에 300~400억 원에 이르는 골리앗 크레인을 사려는 매수자는 끝내 나타나지 않았다. 코쿰스 채권단은 애물단지가 된 골리앗 크레인을 철거하는 조건으로 단돈 1달러에 현대중공업에 넘겼다.

이 크레인을 한국으로 옮겨오기 위한 해체 작업이 시작되자 이를 지켜보던 많은 말뫼 시민들이 눈물을 흘렸다고 한다. 그래서 이 골리앗 크레인에는 '말뫼의 눈물'이라는 별명이 붙게 되었다.

얄궂게도 현대중공업이 이 크레인을 사들인 다음해인 2003년부터 조선업 호황이 시작되었다. 덕분에 현대중공업은 단돈 1달러에 사들인 골리앗 크레인을 톡톡히 활용할 수 있었다. 이처럼 불황이 깊어지면 기업들이 고가의 장비를 헐값에 내다 파는 경우가 많아지기 때문에 후발 주자에게 더 나은 역전의 기회가 주어진다.

불황기에는 장비뿐만 아니라 심지어 선발 주자의 기술까지 헐값에 통째로 손에 넣을 수도 있다. 그 대표적인 사례가 바로 2000년대 중반 한국 중견 휴대전화 업체의 몰락과 이를 통한 중국의 도약이다.

2000년 들어 내수시장에서 성장의 한계에 부딪힌 한국의 중견 휴대전화 업체들이 앞다투어 중국으로 진출하기 시작했다. 그러나 중국 시장에 직접 유통망을 만들 시도조차 해보지 않고, 기껏 우리 기술로 디자인과 생산까지 해놓고 중국 업체의 브랜드를 붙이는 제조업자 개발Original Development Manufacturing, ODM● 방식으로 휴대전화를 팔았다.

한국의 중견 휴대전화 업계는 잠깐이나마 엄청난 호황을 누리는 듯

불황기에는 장비뿐만 아니라 선발 주자의 기술까지
헐값에 사들일 기회가 찾아오기도 한다.
누군가의 비극이 누군가에겐 도약의 발판이 된다.

2002년 현대중공업은 스웨덴 말뫼 최대의 조선 업체인 코쿰스사의 높이
140미터, 중량 7000톤의 크레인을 단돈 1달러에 인수했다. 사진은 현대중
공업이 2003년 스웨덴 말뫼에서 가져와 울산 본사에 설치한 갠트리 크레
인의 모습이다.

보였다. 맥슨텔레콤과 텔슨전자가 앞다투어 중국에 진출했고 세원텔레콤은 2002년 중국의 최대 가전 회사인 하이얼海尔에 우리 인구보다 많은 5200만 대의 휴대전화를 수출하는 계약을 따내기도 했다.

하지만 처음부터 중국 브랜드로 수출했기 때문에 중국인들은 우리나라 기업이 만든 휴대전화를 쓰면서도 이를 거의 알지 못했다. 실제로 2004년 베이징에서 우리 휴대전화 업체의 중국 진출 현황을 취재하기 위해 인터뷰를 해보았더니 대부분의 중국 시민들이 우리 중견 기업이 만든 휴대전화를 쓰면서도 이를 중국 업체가 만든 제품으로 알고 있었다.

결국 우리 휴대전화 업체들의 호황은 그리 오래가지 못했다. 어차피 중국인들은 중국 업체가 만든 것으로 알고 있었기 때문에 한국산이라는 브랜드 파워가 전혀 작동하지 않았다. 이후 중국의 휴대전화 업체가 비슷한 성능의 휴대전화를 만들기 시작하고 우리 업체들의 과당경쟁까지 겹치면서 2003년 중국에 납품하는 휴대전화의 단가는 반 토막이 났다.

극심한 가격 경쟁에 내몰린 우리 휴대전화 업체들은 턱없이 낮아진 단가를 맞추기 위해 온갖 자구 노력을 기울였지만 아무리 비용을 절감해도 납품단가가 더 빨리 떨어졌기 때문에 소용이 없었다.

벼랑 끝으로 내몰린 우리 휴대전화 업체들은 당장 살아남기 위해

● 제조업체가 판매업체가 요구하는 상표명으로 제품을 생산·공급하는 것.

중국에 진출했던 공장과 생산 라인을 하나둘 헐값에 중국 기업에 팔아넘기기 시작했다. 이 과정에서 중국에 진출했던 기업과 함께 중국으로 건너갔던 휴대전화 기술 인력마저 중국 기업에 흡수되었다.

호황기에는 인재들이 굳이 후발 기업으로 옮기려 하지 않지만 불황이 깊어지면 선두 기업들이 어쩔 수 없이 인력 감축을 하기 때문에 호황기보다 훨씬 낮은 비용으로 뛰어난 인재를 확보할 수 있게 된다.

결국 중국의 휴대전화 업체들은 한국의 선진화된 생산 설비는 물론 기술 인력까지 한꺼번에 확보할 수 있었다. 우리 기업들에게는 안타까운 일이지만 후발 주자였던 중국 기업들에게는 휴대전화 시장의 불황이 오히려 역전의 기회가 된 것이다.

동업자의 위기마저 기회가 된다

1990년대 말 중국 후베이湖北성 지방정부는 자동차 산업에 새롭게 도전하겠다는 야심찬 계획을 세웠다. 당시만 해도 중국은 자동차를 만들 기술이나 자본이 턱없이 부족했다. 그래서 방법을 모색하던 후베이성 정부는 현대자동차와 합작해 우한武漢시에 승합차 '그레이스'를 만드는 공장을 세웠다.

하지만 결과는 참담했다. 현대차와 합작한 우한 공장은 연간 3만 대의 승합차를 생산할 수 있는 생산 설비를 갖추었지만 실제 판매 대수는 1000대를 간신히 넘길 정도에 불과해 공장 가동률이 한 자릿수를 넘지 못하는 최악의 성적을 기록했다.

현대자동차가 그레이스 판매에 실패한 가장 큰 원인은 비싼 가격이었다. 그레이스의 판매 가격은 당시 환율로 우리 돈 3000만 원에 육박한 반면 중국에서 가장 인기 있던 진베이金杯의 승합차 판매 가격은 1500만 원 정도에 불과했다.

게다가 중국에서 팔리던 그레이스 모델은 한국에서 이미 생산이 중단된 한 세대 전의 모델이었다. 반면 경쟁 모델이었던 진베이의 승합차는 선진국과의 기술 제휴로 만들어져 기술력에서 결정적인 차이가 없었다. 더구나 현대자동차가 주요 부품을 모두 한국에서 실어오는 바람에 운송 과정에서 부품이 뒤틀리거나 변형되는 경우가 많아 그레이스는 불량률까지 높았다.

그레이스의 판매 부진으로 적자가 계속 쌓이면서 우한 공장에 공동 투자한 후베이성 지방정부와 현대차가 모두 큰 위기를 맞았다. 현대차는 공장 지분 전체를 단돈 1위안, 당시 환율로 150원에 후베이성 지방정부에 넘기고 완전히 철수했다.

그렇다면 모든 지분을 떠안은 후베이성 정부는 어떻게 됐을까? 현대차의 철수는 자동차 산업 유치를 꿈꾸던 후베이성 지방정부에도 적지 않은 타격을 주었다. 하지만 역으로 보면 이 같은 위기 덕분에 1위안이라는 헐값에 공장 지분을 인수할 수 있었고, 그렇게 갈망하던 자동차 생산 기술까지 손에 넣을 수 있었다.

후베이성 지방정부는 현대차가 남기고 떠난 생산 설비를 바탕으로 독자적인 자동차 생산 기술을 확보했다. 덕분에 중국 내륙이라는 불리함을 딛고 새로운 자동차 생산 기지로 발돋움하기 시작했다. 자동차 산업 진출 초기에 겪었던 위기가 오히려 놀라운 추격과 역전의 발판이 된 것이다.

2004년 나는 단돈 1위안이라는 헐값에 팔린 그레이스 공장을 취재하기 위해 후베이성 투자 담당 국장에게 인터뷰를 요청했다. 그녀는 인터뷰에서 투자 실패의 아픔을 이야기하는 대신 "중국의 자동차 산업은 초등학생 수준이었는데, 현대자동차와의 합작으로 단번에 대학까지 졸업할 수 있었다"며 도리어 우한 공장이 성공적인 투자였다고 평가했다.

일반적으로 시장 1위 기업은 늘 앞서나가기 위해 신제품을 주도적으로 개발하고 새로운 시장을 개척해야 하기 때문에 그만큼 위험이 따른다. 반면 후발 기업들은 1위 기업이 성공한 방식을 한발 늦게 따라가게 되므로 수익성이 낮은 만큼 투자 위험도 낮은 편이다.

그런데 호황기에는 대체로 시장이 예측 가능하기 때문에 1위 기업이 새로 개척한 사업에서 실패할 가능성은 크지 않다. 설령 몇몇 사업에서 실패하더라도 시장 자체가 워낙 빠르게 성장하기 때문에 1위 기업의 지위를 위협받지 않으므로 기업이 더욱 과감하게 새로운 도전에 나설 수 있다. 이 때문에 호황기에는 대체로 시장을 개척해나가는 1위 기업에게 더 유리한 시장이 펼쳐진다.

하지만 불황이 시작되면 1위 기업이 미처 생각하지 못했던 돌발변수가 자주 나타나게 되고 사소한 실수만으로도 1등에서 탈락하는 심각한 타격을 받을 수 있기 때문에 역전과 재역전이 더욱 활발하게 일어나게 된다. 문제는 이러한 점을 잘 아는 1위 기업은 불황기에 시장을 개척하기보다 지키려고만 할 가능성이 크다는 점이다. 덕분에 불황기에는 선두 기업과 후발 기업 간의 기술 격차가 줄어들면서 후발주자들의 추격이 더욱 쉬워지게 된다.

이런 이유들 때문에 혁신과 창조적 파괴를 강조한 경제학자 조지프 슘페터Joseph Schumpeter는 일찍이 "경기 변동과 불황기가 역전의 시기"임을 강조했다. 경제추격연구소를 이끄는 서울대 경제학부의 이근 교수도 "전 세계적인 경기침체나 경기 사이클의 발생이 후발 기업에 새로운 진입과 역전을 위한 절호의 기회를 제공한다"고 설명한 바 있다.[7]

따라서 극적인 역전을 꿈꾸는 진정한 추격자라면 경제 위기나 불황에 공포를 느끼는 대신 1위 기업을 따라잡겠다는 의지를 불태워야 한다. 불황이야말로 평소에는 범접하기도 어려웠던 1등을 따라잡고 새로 시장을 선도하는 절호의 기회가 될 수 있기 때문이다.

후발 주자라고 불황을 두려워하며 잔뜩 움츠렸다가 경기가 회복된 뒤에야 무엇을 해보겠다고 나서는 기업은 호황기의 거센 경쟁에 치여 점차 쇠락의 길로 빠져들 수밖에 없다. 극적인 역전을 꿈꾸는 사람이라면 가장 깊은 불황의 골짜기를 지나고 있는 바로 그 절호의 타이밍을 절대 놓쳐서는 안 된다.

•
•

닌텐도 신화는 타이밍이 만들었다

세계 최초의 가정용 게임기는 1972년에 시판된 마그나복스 오디세이Magnavox Odyssey였다. 하지만 소프트웨어라고는 단순한 게임 27개가 전부였던 데다 그래픽이 조악해서 게임을 하려면 TV화면에 각각의 게임에 맞는 배경이 그려진 셀로판지를 붙여야 했다. 이 때문에 대중의 관심을 끌지 못하고 3년 만에 시장에서 완전히 사라졌다.

그다음으로 가정용 게임기 산업에 진출한 회사는 바로 게임업계의 전설이 된 아타리Atari였다. 1976년 '아타리 2600'을 출시했을 당시 초기 판매 실적은 그리 좋지 않았다. 하지만 대중의 관심을 끌기 시작하면서 판매량이 빠르게 늘더니, 1981년 무렵부터 폭발적인 인기를 누리기 시작했다.

1974년 젊은 스티브 잡스Steve Jobs가 아타리사의 로비에 찾아와 "일자리를 주기 전에는 나가지 않겠다"며 행패를 부린 것은 IT업계에서 전설로 내려오는 유명한 일화다. 당시 아타리 인사 담당 직원은 보잘것없는 경력의 잡스가 큰소리를 치는 것을 보고 어이가 없었지만 아타리 창업자인 놀런 부시넬Nolan Bushnell이 그의 잠재력을 알아보고 그 자리에서 채용했다.

스티브 잡스가 첫 직장으로 선택했을 만큼 아타리는 IT업계에서 가장 주목받던 회사 중에 하나였다. 아타리는 "게임하고 돈 벌자"라는 간결한 문구로 잡스 같은 괴짜 천재들을 불러 모았다. 그리고 그들이 잠재력을 자유롭게 발산할 수 있도록 경영진의 간섭을 최소화하고 규칙도 거의 없애버렸다.

그런 자유분방함 속에서 새로운 아이디어가 봇물처럼 쏟아져 나와 1980년 초반에는 '아타리 광풍'이라고 불릴 만큼 아타리 게임기가 엄청난 인기를 끌었다. 하지만 창업자인 부시넬이 대주주인 워너사와의 갈등으로 회사에서 쫓겨난 이후 회사 분위기가 완전히 바뀌고 말았다.

워너사가 경영을 장악한 이후 아타리사는 관료화되어 더 이상 새로운 아이디어가 나오지 않았다. 천재들의 놀이터였던 아타리는 그저 그런 게임들을 찍어내는 단순한 공장으로 변해갔다. 더구나 아타리 경영진과 그 협력사들은 아타리 광풍에 취해 뭐든지 찍어내기만 하면 팔린다는 헛된 믿음에 빠져 질 낮은 게임들을 마구 쏟아내기 시작했다.

1982년에 출시된 '팩맨Pac-man' 게임은 아타리 광풍의 끝을 보여주는 단면이 되었다. 팩맨은 아타리 사상 최고의 판매고를 기록했지만 기존의 아케이드 게임기(오락실 게임기)에 비해 훨씬 조악한 품질로 소비자들을 실망시켰고 그 결과 수많은 소비자가 아타리에 등을 돌리는 결정적인 계기가 되었다.

이런 실패가 거듭되면서 1982년 30억 달러를 돌파했던 게임기 시장은 이듬해인 1983년에 1억 달러로 쪼그라들었다. 이 때문에 1983년 아타리 광풍이 끝난 순간을 '아타리 쇼크Atari Shock'라고 부르게 되었다. 단순히 게임기 회사 하나가 몰락한 것이 아니라 당시 태동하던 IT산업 전체가 큰 타격을 입은 것이다.

게임기 시장이 완전히 무너져 내린 1985년 일본의 닌텐도가 패미컴Famicom이라는 브랜드로 북미 가정용 게임기 시장에 진출했다. 미국 기업인 아타리도 실패한 마당에 일본에서 들어온 생소한 기업이 성공할 것이라고 생각한 사람은 거의 없었다. 하지만 닌텐도는 이 같은 전망을 비웃듯 미국에서 놀라운 판매고를 올리며 큰 성공을 거두었다. 도대체 어떻게 된 것일까?

닌텐도의 성공 요인 중 가장 결정적인 것은 무엇보다 북미 시장에 진출한 타이밍이 너무나도 절묘했다는 점이다. 만일 아타리가 최고의 전성기를 누리던 1982년 이전에 북미 시장에 진출했다면 닌텐도는 스티브 잡스와 같은 온갖 괴짜 천재들을 거느린 아타리의 아성을 결코 쉽게 무너뜨리지 못했을 것이다.

닌텐도가 그런 치열한 경쟁 환경을 뚫고 어느 정도 자리를 잡았다고 하더라도 1983년 아타리 쇼크로 게임기 산업이 동반 몰락할 때 닌텐도 역시 회복하기 어려울 정도로 타격을 받았을 것이다. 하지만 1985년에는 오히려 아타리와 같은 막강한 경쟁자가 없었기 때문에 북미 게임기 시장이 무주공산無主空山과도 같았다.

스티브 잡스가 첫 직장으로 선택했던
천재들의 놀이터 아타리는 순식간에 몰락하기 시작했다.
게임기 시장이 완전히 무너져버린 때 닌텐도가 등장했다.
닌텐도의 첫 번째 성공 요인은 바로 '타이밍'이었다.

닌텐도는 아타리가 무너진 바로 그 직후에 북미 시장에 진
출했기 때문에 후발 주자였지만 뚜렷한 경쟁자 없이 북미
시장을 손에 넣을 수 있었다.

소비자들은 아타리 광풍 속에서 쏟아져 나왔던 게임들의 조악한 품질에 실망해 게임 시장을 떠나기는 했지만 이미 게임기라는 것을 경험했기 때문에 게임의 품질만 보장된다면 언제든 다시 게임기를 살 준비가 되어 있었다. 이 때문에 1985년 닌텐도가 소비자들의 관심을 끌기 시작하자 시장은 빠른 속도로 다시 성장하기 시작했다.

또한 닌텐도는 아타리의 실패를 분석하여 같은 실패를 반복하지 않을 수 있었다. 닌텐도가 분석한 아타리의 실패 원인은 조잡한 게임이 범람하면서 실망한 소비자들이 늘어난 것이었다. 이 같은 실패를 막기 위해 닌텐도는 자체 제작 게임의 품질을 높이고 조악한 품질의 게임이 발생하지 않도록 협력사의 라이선스까지 철저하게 관리했다.

닌텐도처럼 후발 주자로 시장에 진입해 성공한 기업은 단지 시장 개척자들을 모방하며 그들이 만든 시장에 편승한 것이 아니라 시장의 변화를 정확히 분석하고 가장 유리한 시장 진출 타이밍을 찾아냈다. 덕분에 닌텐도는 아타리 광풍 당시의 게임기 시장 규모를 완전히 뛰어넘는 대성공을 거둘 수 있었다. 그렇다면 최적의 타이밍을 찾아내는 방법은 과연 무엇일까?

최적의 타이밍을 찾는 기술 : 사이클에 올라타라

최적의 타이밍을 찾는 가장 중요한 기술은 각 산업이나 업종의 독특한 사이클을 정확하게 분석하고 거기 올라타는 것이다. 그 사이클에 올라탄다면 아무리 자원이 부족하더라도 얼마든지 자신에게 유리한 프레임을 만들어 대역전에 성공할 수 있다. 특히 새로운 혁신 기술은 많은 기대 속에 탄생하여 성장하고 서서히 성숙 과정을 거치면서 제자리를 찾아가기까지 기존과는 다른 독특한 사이클을 형성하게 되므로, 더욱 면밀한 관찰이 필요하다. 기술에 따라 변화 주기가 조금씩 다르고, 어떤 기술은 초기에 큰 관심을 받다가 나중에는 별 역할을 하지 못하고 사라지기도 하기 때문이다.

미국의 컨설팅 업체인 가트너Gartner는 하나의 혁신적인 기술이 새로 등장해 폭발적인 기대를 모으며 안정적인 시장 진입 단계로 접어들거나 혹은 몰락하는 과정에서 시장의 관심이 어떻게 변해가는지를 한눈에 보여주는 '하이프 사이클Hype Cycle'을 매년 발표한다.[8] 이 하이프 사이클이 최적의 타이밍을 판단하는 하나의 방법이 될 수 있다.

하이프 사이클은 5단계로 나뉜다. 첫 번째 단계는 기술이 촉발되는 시기다. 이때는 선두 주자가 시장을 개척하기 시작하면서 시제품들이 나오고 대중이 조금씩 관심을 갖는 단계다. 아직 상용화된 제품이 없고 상업적 가치도 증명되지 않은 상태지만 간혹 발 빠른 후발 주자가 시장에 뛰어들기도 한다.

두 번째는 과도한 기대 단계다. 시장이 과도하게 주목하면서 일부 성공 사례와 다수의 실패 사례가 등장하게 된다. 매스컴에서 연일 신기술을 소개하기 때문에 대중이 가장 큰 관심을 갖는 시기라고 할 수

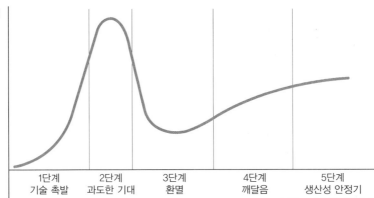

| 하이프 사이클의 5단계 |

기대

1단계
기술 촉발

2단계
과도한 기대

3단계
환멸

4단계
깨달음

5단계
생산성 안정기

시간

출처: 가트너

있다. 이 시기에는 가장 도전적인 후발 주자들이 시장에 진입해 새로운 혁신에 도전하게 된다.

세 번째는 환멸의 단계다. 매스컴이 내놓은 환상적인 기대에 비해 실제 출시되는 제품은 초라한 경우가 대부분이다. 소비자들은 크게 실망하고 시장에 대한 관심이 낮아진다. 제품화를 시도했던 기업들도 다수가 포기하고 시장을 떠나게 된다. 이 시기에 살아남은 기업이 소비자들을 만족시킬 만한 제품을 만들어야만 기술이 생존하여 다음 단계로 가게 된다.

네 번째는 깨달음의 단계다. 실제로 수익을 내는 제품이 등장하게 되면서 다시 시장의 관심이 커지게 된다. 특히 사용자 인터페이스가 발달하면서 대중적인 제품들이 등장하기 시작하고 생산단가가 낮아지면서 표준화도 이루어지게 된다. 이 시기에 들어서면 시장이 지속적이고 안정적으로 성장하게 된다.

시장이 성숙되면 생산성 안정기라는 마지막 단계로 접어들게 된다. 이 시기에는 기술이 시장의 주류로 확실하게 자리 잡게 되고 시장에서 본격적으로 성과를 거두기 시작한다. 새로 진출하는 기업들은 혁신보다 가격 경쟁력을 내세우며 시장 진입을 시도하게 된다.

1단계인 기술 촉발 단계는 후발 주자가 시장에 진입하기에 그리 나쁘지 않은 타이밍이다. 시장 자체가 형성되지 않아 모험적인 측면이 있지만 대신 시장 개척자 역시 완전히 시장을 장악할 만한 제품을 만들지 못한 경우가 많기 때문에 수많은 기회와 위기가 공존하는 시기다. 더구나 시장의 관심이 빠르게 높아지는 시기여서 투자 유치에도 유리하다.

게임기 시장에 세계 최초의 게임기인 마그나복스 오디세이가 등장했을 때가 바로 기술 촉발이 일어난 1단계였다. 사실 기술 촉발 단계에 나온 제품은 가격이 비싸고 완성도가 떨어지는 데다가 사용자 인터페이스가 불편해 대중화에는 어려움을 겪는 경우가 많다. 따라서 1단계에는 시장을 처음 개척한 기업의 약점을 철저히 분석하고 초기 단계에 빠르게 변화하는 소비자의 니즈를 정확하게 이해한다면 후발 주자라고 하더라도 비교적 쉽게 역전에 나설 수 있다. 아타리는 이 시기에 시장에 진입한 덕분에 시장 개척자였던 마그나복스 오디세이를 쉽게 따돌릴 수 있었다.

시장이 과도한 기대를 하기 시작하는 2단계에는 후발 주자가 시장에 진입하기 쉽지 않다. 아타리의 인기가 절정에 이른 1978년에서 1982년까지가 그랬다. 이때 시장에 진입하면 이미 시장을 장악하고 있는 1등 기업과 치열한 전쟁을 벌여야 하는 경우가 많다.

가장 큰 문제는 시장의 기대 수준이 워낙 높아져 있기 때문에 이를 충족시키는 제품을 만들기가 쉽지 않다는 점이다. 더구나 과열된 시장의 기대가 언제든 갑자기 꺾이면서 환멸의 단계로 들어설 수 있어 자칫 이 시기에 과잉 투자를 했다가는 아타리처럼 시장을 장악하고 있던 기업이라도 한순간에 몰락의 길을 걸을 수 있다.

2단계의 과열 현상은 대체로 오래 지속되기 어렵다. 시장의 과도한 기대를 충족시키지 못한 것에 대한 실망으로 급격하게 수요가 감소하는 데다 미처 성숙되지 않은 시장에서 과잉 생산이 빚어지는 경우가 많기 때문에 과도한 기대의 정점이 꺾이는 순간 초기 진출 기업들이 퇴출될 위기에 처하기도 한다.

초기에 시장에 진입한 기업들은 이런 과도한 기대가 정점에 이르는 순간을 잘 포착하고 분위기에 휩싸여 과잉 투자를 하지 않도록 주의해야 한다. 과도한 기대에 빠져 투자를 마구 확대하다가는 자칫 아타리처럼 초기 시장 조성에만 기여하고 시장이 성숙되기도 전에 무너질 수 있기 때문이다.

일단 시장의 기대가 꺾이기 시작하면 한순간에 기대가 실망으로 바뀌면서 3단계인 환멸의 단계로 진입하게 된다. 환멸의 단계에는 기술에 대한 관심이 사라지면서 수요도 급격하게 줄어들기 때문에 1, 2단계에 시장에 진입한 기업들에게는 가장 큰 위기가 찾아온다. 또한 그렇기 때문에 시장 진출을 노리는 새로운 추격자들에게는 가장 유리한 타이밍이 될 수 있다.

이 단계에서는 투자를 극도로 꺼리기 때문에 설비투자의 수요가 줄어들어 설비투자 비용이 하락하게 된다. 특히 초기 시장에 진출한 기업 중에 경영 위기에 처하거나 심지어 파산하는 기업들도 나타나므로 이들 기업에서 정리 해고된 숙련된 기술자들을 고용하거나 이들 기업으로부터 생산 설비나 기술을 인수하기 쉽다. 아예 그런 기업을 싼값에 통째로 인수할 수도 있다. 이런 식으로 3단계에는 뒤늦게 시장에 뛰어든 기업에게 유리한 시장 환경이 조성된다.

1985년 북미 시장에 진출한 닌텐도는 기술이 환멸의 단계에 있을 때 시장에 진입한 대표적인 경우라고 할 수 있다. 당시에는 기존 게임기 시장의 지배자였던 아타리가 사실상 파산 상태였기 때문에 닌텐도는 경쟁도 하지 않고 쉽게 북미 게임기 시장에 진출했을 뿐만 아니라 빠르게 시장점유율을 확대할 수 있었다.

이렇게 환멸의 3단계를 거쳐 4단계인 깨달음의 단계에 들어가게 되면 소비자들의 기대에 부응하는 완성도 높은 제품들이 속속 등장하면서 시장의 관심이 다시 높아지기 시작한다. 이미 시장에 진출한 기업들은 축적된 경험과 기술력을 통해 시장을 확대하는 좋은 기회가 되겠지만 그만큼 신생 벤처 기업이 시장에 진출하기는 어려운 시기다.

4단계에 성공적으로 진입하려면 막강한 자본력과 축적된 기술력을 갖고 있거나 기존 기업에 비해 월등한 가격 경쟁력을 가지고 있어야 한다. 막강한 자본력과 기술력을 가진 후발 주자의 대표적인 사례로는 2001년 '엑스박스Xbox'로 성숙된 게임기 시장에 뒤늦게 진출한 마이크로소프트를 들 수 있다.

시장이 마지막 5단계인 생산성 안정기로 진입하게 되면 기존 기업의 시장 지배 구조가 더욱 공고해지기 때문에 시장의 패러다임을 바꾸거나 새로운 틈새시장을 찾아내지 않는 한, 새로 진출하는 기업이 기존 기업을 따라잡기는 매우 어려워진다. 진출에 성공해도 기존 시장 지배자들과 치열한 경쟁을 할 수밖에 없어서 높은 수익성을 확보하기가 쉽지 않다.

결국 시장 진출에 가장 유리한 시기는 3단계인 환멸의 단계라고 할 수 있다. 하지만 3단계에 있는 모든 기술이 깨달음의 단계인 4단계로 가는 것이 아니기 때문에 4단계로 나아갈 수 있는 기술인지를 정확하게 파악하는 것이 중요하다. 아주 혁신적인 기술이라도 시장의 관심을 다시 이끌어내지 못해 3단계인 환멸의 단계에서 영원히 사라진 경우가 적지 않기 때문이다.

뛰어난 기업인이자 기업인의 멘토인 피터 디아만디스Peter Diamandis는 사용자에게 쉽고 편리한 인터페이스가 개발되는 순간이 바로 환멸의 3단계에서 깨달음의 4단계로 가는 결정적 타이밍이라고 말한다. 편리한 인터페이스가 개발되어 누구나 쉽게 사용할 수 있게 되면 소수의 얼리어답터에 머물던 시장이 대중으로 확대되기 때문이다.

대표적인 사례가 애플의 '아이폰 iPhone'* 이다. 스마트폰의 복잡한 키가 사라지고 화면을 터치하는 것만으로 모든 조작이 가능할 정도로 편리한 인터페이스를 가진 아이폰이 등장하는 순간, 스마트폰에 대한 관심이 다시 높아지면서 시장이 본격적인 성장을 시작하는 깨달음의 단계로 진입한 것이다.

사실 어떤 기술이 3단계에서 4단계로 진입하는 순간을 정확히 파악하는 것은 해당 기업의 경영진뿐만 아니라 그 기업의 협력 업체와 투자자에게도 매우 중요한 능력이다. 이 타이밍을 정확하게 포착하려면 그 산업은 물론 시장 환경에 대한 끊임없는 정보 수집과 동향 파악을 통해 새로운 혁신의 향방을 정확하게 꿰뚫고 있어야 한다.**

첨단 산업에서 결정적 타이밍을 잡으려면 가트너의 하이프 사이클을 활용하는 것이 유리하다. 그런데 사이클에 대한 이해가 필요한 것은 첨단 산업만이 아니라 모든 업종에서 마찬가지다. 자영업이나 임대업에서도 그 업종 특유의 라이프 사이클 Life Cycle 을 파악하는 것이 결정적인 역전 전략이 된다.

예를 들어 하나의 상권이 새롭게 각광받고 쇠퇴하는 과정에도 라이프 사이클이 존재한다. 소외된 지역에 예술인들이 모여들고 독특

● 아이폰에 대해서는 2장에서 보다 자세하게 다룰 것이다.

●● 시장 조사 및 컨설팅 기업인 가트너는 해마다 가을이면 수많은 기술의 진행 단계가 하이프 사이클상 어디에 있는지를 보고서로 만들어 대중에게 공개하고 있다. 가트너의 웹사이트(www.gartner.com)를 방문하면 그 분야의 전문가가 아니라도 현재 내가 관심 있는 기술이 하이프 사이클에서 어느 단계에 있는지 대략 가늠해볼 수 있다.

한 아이디어를 가진 사람들이 가게를 내기 시작하면서 하나의 상권이 형성된다. 이때는 아직 임대료가 싸기 때문에 온갖 실험적인 가게들이 나타나게 된다.[9] 시간이 흘러 이곳이 점차 트렌디한 장소로 입소문이 나면 더 많은 유동 인구가 흘러들게 되고 독특한 스타일의 상점들도 점점 더 많이 모여들면서 그 상권의 인기는 절정을 향해 달려나간다. 그 결과 임대료가 치솟아 오르고, 빌딩 가격은 더 빠르게 치솟아 오른다. 혹시라도 건물주가 바뀌면 그는 막대한 투자 금액을 회수하기 위해 임대료를 더욱 끌어올리게 된다.

임대료가 뛰어오르면 처음 상권 형성에 기여했던 예술인이나 창의적인 자영업자들이 쫓겨나는 젠트리피케이션Gentrification* 현상이 나타난다. 실제로 독일 통일 이후 동베를린의 주요 지역이 이런 라이프 사이클을 따라 급속히 개발되어왔다. 독일 통일 이후 동베를린 사람들이 서독으로 이주하자 동베를린 곳곳에는 빈집이 넘쳐나고 임대료가 폭락했다. 그런데 이렇게 버려진 집에 젊고 가난한 예술인들이 몰려들면서 동베를린은 독일은 물론 전 세계 가난한 예술인들의 성지 聖地가 되었다.

도시에 활력이 넘쳐나자 소상공인들이 몰려들면서 임대료가 급등했다. 그 결과 베를린의 미테나 크로이츠베르크 지역에서는 초기에 정착했던 예술인들이 비싼 임대료 때문에 쫓겨나면서 심각한 사회

---

* 구도심이 번성해 임대료가 오르고 원주민이 내쫓기는 현상을 일컫는 용어.

하나의 상권은 저마다의 라이프 사이클을 갖는다.
트렌디한 장소로 입소문이 나서 인기가 절정으로 치솟을 땐
이미 쇠퇴기로 접어든 것일 수 있다.
최적의 타이밍에 진입하는 것,
역전을 이루는 핵심 능력이다.

한때 패션과 유행의 최전선으로 손꼽히던 강남 로데오거리. 소상공인과
예술가가 모여들던 이곳 역시 천정부지로 임대료가 오르고 사람들이 떠
나면서 쇠퇴의 길을 걸었다.

문제로 부상했다.

하지만 이런 사이클은 결코 영원히 지속될 수 없다. 돈에 크게 구애받지 않는 대기업까지 가세해 비싼 값에 건물을 사들이면서 임대료는 더욱 가파르게 치솟아 오르게 된다. 그러면 예전의 창의적이고 트렌디한 모습은 사라지고 평범하고 상업적인 상권만 남게 된다. 서울 강남구의 대표적인 상권인 로데오거리가 바로 이런 라이프 사이클을 겪으며 몰락의 길을 걸었다.

이 같은 라이프 사이클을 모르면 인기가 절정에 달해 건물 가격이 천정부지로 치솟았을 때 투자하거나 임대료가 가장 비싼 시기에 자영업을 시작해 상권의 몰락과 함께 치명적인 실패를 겪을 수 있다. 그러므로 자영업이나 임대업을 계획하고 있다면 예술인들로부터 비롯된 상권에 창의적인 자영업자들이 몰려들기 시작한 바로 그 정확한 타이밍을 찾아내야 한다.

이처럼 남들과 다른 프레임으로 대역전에 성공하려면 무엇보다도 자신이 진출하려는 업종의 라이프 사이클을 정확하게 파악하고 최적의 타이밍을 찾아내는 것이 가장 핵심이다.

2

창출하지 말고
연결하라

한발 늦게 시장에 뛰어든 후발 주자의 경우는 새로운 시장을 창출하려고 노력하기보다 오히려 서로 다른 시장이나 상품, 서비스를 연결하는 전략으로 경쟁의 프레임을 바꾸어 추격의 속도를 끌어올리는 것이 좋은 대안일 수 있다. 시장을 연결하는 전략은 시장을 창출하는 것보다 더 적은 자원으로, 더 낮은 위험부담을 안고, 더 빨리 선발 주자를 추격할 수 있는 지름길을 열어주기 때문이다.

"우리는 2등입니다.
그래서 더욱 열심히 일하고 있습니다."

― 미국의 렌터카 회사인 에이비스(Avis)가
1등이었던 허츠(Hertz)를 향해 내건 'No. 2 광고 캠페인'의 구호

최초는 결코 최고를 담보하지 않는다

백열전구는 인류의 밤을 더 길고 흥미롭게 만든 놀라운 발명품이다. 이 고마운 백열전구를 처음 발명한 사람이 토머스 에디슨Thomas Edison 일 것이라고 생각하는 사람이 적지 않다. 하지만 그가 백열전구를 처음 만든 1879년 이전에 이미 백열전구를 발명한 사람만 공식적으로 무려 20명이 넘는다.

최초의 백열등은 1802년 영국의 험프리 데이비Humphry Davy가 발명했고, 1840년에는 진공관에 백금 필라멘트를 사용하는 백열전구가 개발됐다. 1878년 탄소솜으로 만든 필라멘트와 진공관을 활용해 수명과 밝기를 개선한 실용적인 백열전구를 처음 만든 사람은 영국의 물리학자 조지프 스완Joseph W. Swan이었다.

에디슨은 이 탄소 필라멘트가 전구의 수명을 늘려준다는 소식을 접하고 수천 번의 실험 끝에 대나무를 태운 탄소 필라멘트로 밝고 오래가는 백열등을 만들었다. 하지만 이 대나무 필라멘트마저도 사실은 에디슨이 아니라 흑인 발명가인 루이스 라티머Lewis Latimer의 아이에디슨은 백열등을 최초로 발명한 사람이 아니었다.
그는 이 '위대한 발명'을 어떻게 실생활에 활용하고
시장과 연결할지를 아는 사람이었다.

토머스 에디슨은 뒤늦게 백열등 개발에 뛰어들었지만
배전 시스템을 만들어 시장을 장악했다. 그보다 먼저 백
열등을 발명한 사람은 무려 20명이 넘었다.

디어였다.

이처럼 에디슨은 최초의 백열등 발명자라고 보기에는 어려운 점이 많다. 하지만 그가 발 빠른 사업가였던 것만은 분명했다. 에디슨은 백열등을 발명하는 데 그친 스완과 달리 배전 시스템을 만들어 백열등에 필요한 전력을 기업과 가정에 공급함으로써 백열전구라는 발명을 전력 시장과 연결해냈다.

에디슨은 실용적인 백열전구를 1년 먼저 만든 스완을 상대로 자신의 특허를 도용했다며 역으로 소송을 걸었다. 이 소송으로 스완이 자금난에 빠지자 에디슨은 스완의 회사를 합병해버렸다. 이렇게 스완의 기술까지 흡수하면서 에디슨은 백열전구 시장을 완전히 장악할 수 있었다.

우리가 알고 있는 에디슨의 발명품 중에는 정말 최초로 발명한 것보다 오히려 한발 늦게 뛰어들어 시장을 연결하거나 새로 시장을 발견함으로써 최초로 각인된 경우가 적지 않다. 에디슨이 천재 발명가가 아니라 사실은 모방의 달인이라거나 아이디어의 약탈자라고 비난받는 이유가 여기 있다. 어쨌든 그는 새로운 발명을 어떻게 실생활에 활용하고 시장과 연결해야 할지를 정확하게 알고 있었다. 이에 대해 에디슨 스스로도 이렇게 말한 바 있다.

"산업에서는 누구나 남의 것을 훔치기 마련이다. 나 자신도 많은 것을 훔쳤다. 다만, 나는 어떻게 훔쳐야 하는지 알지만 그들은 모른다."[1] 우리는 반드시 1등으로 시작해야 시장을 초기에 장악해 우월한 위치를 점할 수 있을 것이라는 강박관념을 갖고 있는 듯하다. 하지만 가장 먼저 시장에 뛰어든 기업보다 오히려 재빠르게 뒤따라가던 기업이 역전을 통해 시장을 장악한 경우가 적지 않다. 최초는 결코 최고를 보장해주지 않는다는 점을 명심해야 한다. 중요한 것은 시장을 개척한 기업보다 시장을 관찰하고 니즈를 정확히 파악한 기업이 소비자의 견고한 지지를 받는다는 점이다. 그 기업이 2등이든 후발 주자든, 역전은 시간문제일 뿐이다.

블루오션 찾지 말고, 있는 시장과 연결하라

새로운 시장을 찾아내 블루오션을 개척하는 것은 모든 기업인들의 꿈이다. 하지만 제일 먼저 시작했다고 무조건 성공하는 것이 아닐 뿐만 아니라 늦게 시작한 사람이 무조건 불리한 것도 아니다. 가장 먼저 시작한 기업은 시장을 새로 창출하는 어려운 도전에 성공해야 하지만 한발 늦게 시작한 기업은 시장을 창출할 필요 없이 기존의 시장을 연결하는 프레임 전환을 통해 최후의 승자가 될 수 있다.

현대인들의 삶을 송두리째 바꾸어놓은 스마트폰이 그 대표적인 사례다. 사실 스마트폰을 최초로 개발한 회사는 흔히 스마트폰 시장의 개척자로 생각되는 애플Apple이나 블랙베리BlackBerry가 아니라 IBM이었다. 2007년 애플의 아이폰이 등장하기 15년 전인 1992년에 IBM

은 세계 최초의 스마트폰 '사이먼Simon'을 899달러(약 106만 원)에 내놓았다.

사이먼은 지금 시각으로 보면 디자인이 다소 둔탁해 보일지 모르지만 의외로 상당한 기능을 갖추고 있었다. 최근 나온 스마트폰처럼 터치스크린이 있어서 손가락으로 입력할 수 있는 것은 물론, 삼성전자의 S펜처럼 '스타일러스Stylus'라고 불리는 전자 펜까지 갖추고 있었다. 또 자체 응용프로그램Application으로 이메일을 확인할 수 있었고 지금의 스마트폰 앱처럼 IBM뿐만 아니라 타사에서 개발한 응용프로그램도 설치할 수 있었다.

그야말로 사이먼은 시대를 앞서간 세계 최초의 스마트폰이었지만 결국은 참담한 실패로 끝났다. 출시하고 6개월 동안 판매량은 고작 5만 대에 그쳤고 반액 할인을 해도 안 팔릴 정도로 심각한 판매 부진을 겪다가 끝내 단종되고 말았다.

혁신적인 제품이 왜 이런 참담한 실패를 겪은 것일까? 우선 그 시대의 소비자들은 스마트폰에 대한 인식 자체가 없다 보니 그런 첨단 기능에 대한 필요성을 전혀 느끼지 못했다. 게다가 첨단 기능을 추가하는 데만 집착하는 바람에 소비자들이 스마트폰 사용법을 따로 공부해야 할 정도로 사용자 인터페이스가 상당히 불편했다. 이 같은 한계 때문에 스마트폰 시장이라는 새로운 시장을 창출하기에는 역부족이었다.

글로벌 기업인 IBM에게 스마트폰 실패에 따른 금전적 손실은 매우 미미한 수준이었다. 하지만 시장 창출에 실패한 탓에 IBM은 스마트폰이 시장성이 없는 제품이라는 잘못된 인식을 갖게 되었다. 그 결과 세계 최초로 스마트폰을 개발했던 경험이 오히려 스마트폰 시장에서 뒤처지는 결정적 요인으로 작용하게 되었다.

IBM 다음으로 스마트폰의 무한한 가능성을 알아챈 회사는 노키아Nokia였다. 흔히 노키아가 스마트폰의 가능성을 몰라보고 뒤늦게 대응하는 바람에 무너졌다고 잘못 알고 있는 사람들이 많지만 이는 완전한 오해다. 노키아가 실패한 이유는 오히려 스마트폰 시장 진출이 너무 빨랐기 때문이었다.

노키아는 IBM의 스마트폰인 사이먼이 시장에서 퇴출된 이듬해인 1996년 노키아 최초의 스마트폰인 '노키아 9000 커뮤니케이터Nokia 9000 Communicator'를 내놓았다. IBM의 사이먼과 달리 노키아의 스마트폰 판매량은 해마다 꾸준히 늘어 2006년에는 3900만 대를 기록했다. 당시 전체 스마트폰 판매량의 절반에 이르는 압도적인 점유율이었다.

그런데 2007년 아이폰이 등장하면서 기존 스마트폰의 한계를 뛰어넘는 거대하고 새로운 시장이 열렸다. 구글Google이 이에 대항하는 안드로이드Android 운영체제를 발표하고 애플에 대항하는 안드로이드 진영을 만들었지만 노키아는 직접 개발하고 공들여 발전시켜온 스마트폰 운영체제인 심비안Symbian만 고집했다.

차라리 심비안이라는 독자적인 운영체제가 없었다면 독보적인 시장점유율을 갖고 있던 노키아가 일찍부터 안드로이드 진영에 합류해

스마트폰을 처음 만든 것은 IBM이었고
시장을 처음 개척한 것은 노키아였지만
끝내 그 거대한 시장을 차지한 것은
훨씬 늦게 뛰어든 애플이었다.
그 이유는 무엇이었을까?
최초가 최고가 되는 것은 아니다.

세계 최초의 스마트폰이라고 할 수 있는 IBM의 사이먼(1992)(좌)과 노키아의 스
마트폰인 9000 커뮤니케이터(우). 두 모델 모두 지금의 스마트폰과 비교해 기
능적으로는 손색이 없었지만 시대를 너무 앞서간 나머지 후발 주자들에게 좋
은 참고 자료를 제공한 꼴이 되었다.

시장을 선도하며 여전히 세계 최고의 휴대전화 회사로 남아 있었을지도 모른다. 하지만 노키아는 독자적인 스마트폰 기술을 믿고 아이폰의 추격을 무시했을 뿐만 아니라 구글과도 손을 잡지 않았다.

더구나 노키아는 아이폰에 밀려 최악의 위기를 겪기 시작한 이후에도 자체 운영체제에 대한 미련을 버리지 못하고 시간만 허비하는바람에 마지막 회생의 기회까지 놓치고 말았다. 결국 한때 세계 휴대전화 시장에서 독보적인 1위를 차지하던 노키아는 기업의 핵심이나 다름없던 휴대전화 사업부를 마이크로소프트에 매각하는 처지가 되었다.

스마트폰을 처음 만든 것은 IBM이었고 시장을 처음 개척한 것은 노키아였지만 끝내 그 거대한 시장을 차지한 것은 훨씬 더 늦게 뛰어든 애플이었다. 왜 스마트폰이라는 거대한 시장을 남보다 훨씬 먼저 알아보고 개척했던 IBM이나 노키아는 스마트폰 시장이 제대로 꽃을 피워보기도 전에 몰락해버리고 말았을까?

스마트폰 시장을 처음 개척한 노키아는 개발 과정에서 많은 시행착오를 거쳐야 했다. 개발자들조차 스마트폰을 어디에 써야 하는지 몰랐기 때문에 소비자들의 니즈를 찾아내는 데만도 오랜 세월이 걸렸다. 노키아는 10년 동안 온갖 종류의 실험적인 스마트폰을 내놓았고 그때마다 엄청난 개발 비용을 써야 했다.

이에 비해 뒤늦게 스마트폰 시장에 뛰어든 애플은 이미 10여 년에 걸친 다양한 시행착오를 관찰하면서 큰 비용 없이 소비자들의 니즈를 찾아낼 수 있었다. 그러고는 에디슨이 백열전구에 전력을 공급해 전력 시장과 백열등 시장을 연결한 것처럼 애플은 스마트폰을 응용 프로그램과 음악·동영상 다운로드 시장과 연결해 새로운 생태계를 만들었다.

아이폰이 시장을 연결하는 과정에서 가장 중요한 역할을 한 혁신 중 하나는 사용자 인터페이스였다. 노키아의 스마트폰은 IBM의 사이먼보다는 훨씬 사용하기 쉬웠지만, 그래도 여전히 불편했다. 당시 노키아 스마트폰에는 부담스러울 정도로 많은 스위치가 있었다. 스마트폰의 수많은 기능을 익히고 제대로 활용하려면 일정 시간을 투자해 공부를 해야만 했다.

반면 애플의 아이폰이나 그 경쟁 상대인 안드로이드폰은 아무것도 배울 필요가 없을 정도로 편리한 인터페이스를 가지고 있었다. 단지 직관적으로 눈에 들어오는 아이콘만 잘 누르면 어떤 기능이든 큰 불편 없이 사용할 수 있었다. 이처럼 편리한 인터페이스 덕분에 소비자들은 예전에는 따로 떨어져 있었던 응용프로그램과 음악·동영상 다운로드 등 다양한 시장을 손쉽게 넘나들 수 있었고, 이는 스마트폰이 널리 보급되는 결정적인 요인이 되었다.

업종은 다르지만 최근 엄청난 가입 돌풍을 일으킨 카카오뱅크Kakao Bank의 사례도 같은 맥락에서 이해해볼 수 있다. 은행 업계에서 후발 주자 중에 후발 주자인 카카오뱅크는 금융 시장의 DNA가 없는 것이나 다름없었다. 그래서 그들은 새로운 시장을 장출하기보다 기존 시장을 연결하는 데 역량을 집중했다. 카카오뱅크는 국민 대다수가 사

은행권 전반에 캐릭터 카드 열풍을 이끈 카카오프렌즈 체크카드. 카카오뱅크 계좌 개설 고객 중 73퍼센트가 신청, 발급받았다.

용하는 카카오톡Kakao Talk을 통해 송금 대상을 선택하고 금액과 비밀번호를 입력하면 쉽게 송금을 할 수 있게 했다. 메신저 서비스와 은행 송금 서비스라는 이질적인 서비스를 서로 연결한 것이다.

게다가 스마트폰에 최적화된 사용자 인터페이스를 제공해 스마트폰에 익숙한 젊은 고객을 사로잡았다. 화면을 몇 번만 터치하면 간편하게 대출을 받을 수 있는 이 시스템은 기존 은행이 갖지 못한 강력한 경쟁력을 부여했다. 직원을 대면하지 않고 받을 수 있는 대출은 접근성과 심리적 만족도에서도 높은 점수를 받았다.

더욱 획기적인 것은 카카오프렌즈라는 캐릭터를 서비스 디자인과 연결해 천편일률적인 비주얼과 완전히 차별화된 브랜드 이미지를 각인시켰다는 점이다. 젊은 층에서는 귀여운 카카오프렌즈 캐릭터가 인쇄된 체크카드를 만들기 위해 일부러 카카오뱅크 계좌를 만드는 경우도 적지 않았다.

관계성이 보이지 않던 시장을 연결하는데 성공한 카카오뱅크는

'카뱅 쇼크'라는 말을 만들 정도로 금융권에 큰 바람을 일으켰다. 카카오뱅크는 출범 100일 만에 가입자가 420만 명을 돌파해 케이뱅크 가입자 40만 명의 10배를 넘어섰다. 특히 대학생의 5.8퍼센트가 카카오뱅크를 주거래은행으로 선택한 것으로 나타났다.* 출범한 지 고작 3개월 밖에 안 된 카카오뱅크가 KEB하나은행이나 IBK기업은행 등 수십 년 역사를 자랑하는 은행들을 따돌리고, 대학생 주거래은행 순위 5위를 차지한 것이다.

이처럼 한발 늦게 시장에 뛰어든 후발 주자의 경우는 새로운 시장을 창출하려고 노력하기보다 오히려 서로 다른 시장이나 상품, 서비스를 연결하는 전략으로 경쟁의 프레임을 바꾸어 추격의 속도를 끌어올리는 것이 좋은 대안일 수 있다. 시장을 연결하는 전략은 시장을 창출하는 것보다 더 적은 자원으로, 더 낮은 위험부담을 안고, 더 빨리 선발주자를 추격할 수 있는 지름길을 열어주기 때문이다.

30년 뒤처져도 추격은 가능하다

스마트폰과 같은 첨단 시장이 아니어도, 또 선발 주자보다 수십 년 늦게 시장에 진입해도 가능성만 정확하게 꿰뚫어본다면 얼마든지 역전

---

* 2017년 10월 교육 서비스업체 에브리타임의 조사.

이 가능하다. 그 대표적인 사례가 바로 일회용 기저귀 시장이다.

현재 미국 시장을 장악하고 있는 대표적인 일회용 기저귀는 세계적인 생활용품 제조업체인 프록터앤드갬블the Procter & Gamble, P&G의 '팸퍼스Pampers' 기저귀다. 하지만 P&G는 시장 개척은커녕 일회용 기저귀를 처음 개발했던 존슨앤드존슨Johnson & Johnson보다 무려 30년이나 늦게 진입한 늦깎이 후발 주자였다.

존슨앤드존슨은 1932년 세계 최초로 일회용 기저귀를 만든 이후 30년 동안 일회용 기저귀 시장을 독점하다시피 했다.[2] 하지만 가격이 워낙 비싼 데다 흡수력이 낮아서 장거리 여행이나 외출 시에만 썼을 뿐, 일상생활에서는 여전히 천으로 만든 기저귀를 사용했기 때문에 시장 자체는 그리 크지 않았다.

P&G는 이 일회용 기저귀에서 새로운 기회를 찾아냈다. 일회용 기저귀의 단가를 낮추고 품질을 높인다면 단지 여행용이 아니라 일상생활에서도 사용하게 되어 거대한 시장이 열릴 것으로 보았다. 그리고 무려 5년에 걸친 끈질긴 연구 끝에 일상적으로 사용 가능한 싸고 편리한 일회용 기저귀를 만들어냈다.

P&G의 생각은 정확히 적중했다. 1961년 싸고 질 좋은 팸퍼스 기저귀가 출시되자 기저귀 시장은 1966년 1000만 달러 규모에서 1973년 3억 7000만 달러 규모로 급속히 팽창했다. 30년 동안 일회용 기저귀 시장의 터줏대감이었던 존슨앤드존슨이 뒤늦게 대응에 나섰지만 팸퍼스의 무서운 추격 앞에 결국 일회용 기저귀 사업을 포기해야

스마트폰과 같은 첨단 시장이 아니어도,

또 선발 주자보다 수십 년 늦게 시장에 진입해도

시장의 가능성만 정확하게 꿰뚫어본다면

얼마든지 역전이 가능하다. 팸퍼스처럼 말이다.

존슨앤드존슨의 기저귀(좌)와 팸퍼스 기저귀(우). 존슨앤드존슨은 세계 최초로 일회용 기저귀를 만들었지만 결국 30년 늦게 뛰어든 팸퍼스에게 역전을 당하고 말았다.

만 했다.

이처럼 먼저 블루오션을 개척한 기업이 뒤늦게 뛰어든 추격자에게 밀려 무너지는 경우는 결코 드물지 않다. 마케팅 연구자인 피터 골더Peter Golder와 제라드 텔리스Gerad Tellis는 수백 개의 브랜드를 비교 분석해 블루오션을 처음 개척한 기업과 시장이 조성된 이후 뒤늦게 진입한 후발 주자의 성공과 실패 사례를 연구했다.[3]

시장을 처음 개척한 기업의 실패율은 무려 47퍼센트나 되었지만 뒤늦게 시장에 뛰어든 후발 주자들의 실패율은 8퍼센트에 불과한 것으로 나타났다. 더구나 후발 주자들은 성장성 측면에서도 시장 개척 기업들보다 뛰어났다. 시장 개척 기업의 시장점유율이 평균 10퍼센트에 불과한 반면 후발 주자는 무려 28퍼센트나 되었다.

성공하기 위해 반드시 가장 먼저 시장에 진출하는 시장 선도자가 될 필요는 없다. 단 대역전에 성공하기 위해서는 마치 풀숲에 숨어 먹이를 기다리는 사자처럼 강한 인내심과 정확한 타이밍을 포착하는 능력, 그리고 일단 추격을 시작하면 결코 먹이를 놓치지 않는 끈기가 필요하다.

전략의 핵심은 선택과 집중

당신이 JTBC처럼 지상파 방송국을 역전하려는 신생 방송국 사장이라고 가정해보자. 지상파 방송국들은 이미 수십 년 동안 쌓은 방대한 콘텐츠 자산을 가지고 있고 심지어 숙련된 인력도 몇 배나 된다. 게다가 지상파 방송국들은 습관처럼 자신의 채널을 보는 충성도 높은 시청자들을 많이 확보하고 있다.

이런 상황에서 신생 방송국이 자신의 역량은 고려하지 않고 욕심만 앞서 모든 프로그램에서 지상파 방송국을 동시에 역전하겠다는 계획을 세우면 어떻게 될까? 한꺼번에 모든 프로그램에서 역전하겠다는 목표는 좋지만, 이를 실현하기 위해서는 모든 프로그램에 인력과 자원을 대거 투입해야 한다.

하지만 인력과 자원의 총량에서 신생 방송국이 기존 지상파 방송국을 능가하기는 어렵기 때문에 모든 프로그램에 골고루 인력과 자원을 투입하게 되면 프로그램 하나당 투입하는 인력과 자원은 지상파보다 훨씬 뒤처질 수밖에 없다. 이 경우 신생 방송국이 오랜 세월 쌓인 지식이나 노하우, 즉 '암묵지Tacit Knowledge'●까지 갖추고 있는 지상파 방송국을 역전할 가능성은 희박하다.

모든 분야에 동시에 도전해 한꺼번에 역전하겠다고 외치면 호기롭게 보일지는 몰라도 실제로 역전에 성공할 가능성은 매우 낮은 셈이다. 그러므로 자원이 부족한 신생 방송국은 모든 프로그램에 골고루 자원을 배분하고 동시에 역전을 시도하기보다 경쟁력 있는 분야를 선

● 학습과 경험으로 체화되어 겉으로는 드러나지 않는 지식 혹은 노하우.

택해서 이를 집중적으로 육성하는 편이 훨씬 유리하다.

그러기 위해서는 기존의 지상파가 갖고 있지 않은 콘텐츠나 미처 생각하지 못했던 분야를 찾아내야 한다. 그리고 자신의 강점을 면밀히 분석한 다음 쉽게 역전할 수 있는 분야를 선정해야 한다. 일단 그런 분야를 선택했다면 모든 역량을 아낌없이 쏟아부어 확실한 성공을 거두어야 한다.

지상파를 압도하는 한두 개의 대표적인 킬러 콘텐츠Killer Contents를 성공적으로 만들어냈다면 이를 기반으로 킬러 콘텐츠를 순차적으로 확대해나가야 한다. 일단 몇 개의 주력 콘텐츠가 탄생하면 새로운 프로그램을 개발할 안정적인 재원을 마련할 수 있고, 투자자들의 관심을 끌어올 수 있을 뿐만 아니라 구성원들의 사기를 높일 수 있다.

선택과 집중은 어려움에 처한 기업들에게 추격과 역전의 기회를 만들어주는 결정적인 역할을 해왔다. 일본의 파나소닉Panasonic은 1918년 작은 전기 기구 공장으로 시작했으나 1988년 일본 버블 붕괴 직전에는 시가총액이 세계 기업 중에서 15위를 차지할 정도로 일본의 대표적인 가전제품 회사로 성장했다.

그런데 2003년 파나소닉은 결정적인 실수를 하고 말았다. 이미 LCD TV가 소비자들에게 선풍적인 인기를 끌기 시작했는데도 당시 나카무라 쿠니오中村邦夫 파나소닉 사장은 플라즈마 TV만 고집했다. 그는 신앙과 같은 믿음을 갖고 6000억 엔(약 6조 원)이 넘는 돈을 쏟아부어 플라즈마 TV 공장을 건설했다.

하지만 결과는 참담했다. 공장이 완공된 2005년 무렵 플라즈마 TV는 소비 전력과 화질 측면에서 우월한 LCD TV에 밀려 도태되기 시작했다. 더 큰 실수는 2000년대 후반 히타치日立 등 플라즈마 TV 진영 기업들이 속속 철수를 발표하는 상황에도 파나소닉 경영진은 실패를 인정하지 않고 플라즈마 TV만 고집하며 시간을 허비하는 바람에 LCD TV 시장에 진입할 마지막 타이밍까지 놓쳐버린 것이다.

파나소닉의 몰락은 이것이 끝이 아니었다. 2009년 파나소닉은 더욱 치명적인 실패를 하고 말았다. 이미 경쟁력을 잃고 경영 파탄에 빠져 있던 산요전기를 인수한 것이다. 물론 산요는 2차 전지 산업에 강점이 있는 기업이었지만 8180억 엔(약 9조 원)이라는 비싼 가격에 산 것이 문제였다.

파나소닉 경영진은 좀 비싸게 사도 시너지 효과가 있을 것이라고 생각했지만 예상은 크게 빗나갔다. 산요의 강점이었던 리튬이온 전지가 한국과 중국 기업의 무차별 공세에 고전하면서 산요를 회생시키는 데 무려 8000억 엔(약 8조 원)이라는 천문학적인 액수를 추가로 투입해야 했다. 나중에 이를 두고 파나소닉 경영진은 산요를 너무 비싸게 샀다고 고백했다.

이 같은 오판의 연속으로 파나소닉은 2011년과 2012년 2년 동안 1조 5000억 엔(약 15조 원)이 넘는 천문학적인 적자를 기록했다. 이는 파나소닉이 그 이전 20년 동안 벌어들인 순이익과 맞먹을 정도로 참담한 실패였다. 더구나 주력 사업이었던 TV사업까지 무너지면서 파

나소닉의 운명은 풍전등화와도 같았다.[4]

이런 절체절명의 순간에 쓰가 가즈히로津賀一宏가 파나소닉 사장으로 취임했다. 그가 취임할 당시 파나소닉은 거듭된 실패로 더 이상 회생할 기회조차 없는 것처럼 위태로워 보였다. 이런 심각한 위기 속에서 쓰가 가즈히로는 선택과 집중을 통해 기업의 회생을 꾀하는 과감한 결단을 내렸다.

당시 파나소닉은 실패한 사업조차 정리하지 않고 방만하게 유지하고 있었던 탓에 사업부가 무려 88개로 불어나 있었다. 쓰가 가즈히로는 헬스케어나 가정용 무선전화기 등 실적이 부진한 사업을 과감하게 정리했다. 대신 성장 가능성이 있는 차량과 주택용 전기 장비, 기업용 AV사업, 자동차 배터리 등 49개 사업에 기업의 모든 역량을 집중했다.

이 같은 선택과 집중 전략은 비교적 빠르게 효과를 나타냈다. 파나소닉의 순이익은 2013년 1204억 엔, 2015년 1795억 엔에 이어 2016년에는 1932억 엔으로 회복되었다. 최악의 적자 경영에서 벗어나 V자형 회복을 하는 극적인 반전에 성공한 것이다.

이처럼 선택과 집중은 후발 주자에게 놀라운 역전의 기회를 제공하는 것은 물론, 몰락해가는 기업에게 극적인 회생의 열쇠가 될 수 있다. 만일 경쟁 상대보다 압도적인 자원을 갖고 있다면 전방위적인 공격을 해나가는 것이 유리한 전략일 수 있다. 하지만 극도로 불리한 상황에서 반전을 마련하고 이를 기반으로 대역전의 꿈을 이루려는 후발 주

무너져가던 파나소닉을 살리기 위해 쓰가 가즈히로 파나소닉 신임 사장이 취한 조치는 가능성 있는 분야를 선택하여 기업의 남은 역량을 모두 집중하는 것이었다.

자라면 선택과 집중을 통해 기업의 역량을 경쟁력 있는 분야에 최대한 쏟아부음으로써 기존의 경쟁 프레임을 자신에게 유리하게 바꾸어 나가는 것이 더 유리하다.

불리한 프레임 뒤집기

만일 조종사의 실력과 기체의 성능이 완전히 똑같다고 가정하고 아군 전투기 세 대와 적군 전투기 다섯 대가 공중전을 벌인다면 그 결과는 어떻게 될까? 흔히 적의 숫자에서 아군의 숫자를 뺀 두 대의 적군기가 살아남을 것이라고 예측하기 쉽지만 실제 전투 결과는 아군이 모두 격추된 뒤에 평균 네 대의 적군기가 살아남는 것으로 나타났다. 도대체 어떻게 된 것일까?

영국의 저명한 공학자인 프레더릭 란체스터Frederick W. Lanchester가 1차 대전 중 벌어진 전투기들 간의 공중전을 분석한 결과 놀라운 사실을 발견했다. 창검으로 싸우던 고대 전투 방식에서는 한 명의 병사가 오직 한 번만 적과 상대하기 때문에 아군 세 명과 적군 다섯 명이 싸우면 단순한 뺄셈이 적용되어 적군만 두 명 살아남게 된다. 하지만 전투기들의 공중전과 같이 장거리 무기를 사용하는 경우에는 동시에 많은 수의 적을 공격할 수 있고, 또 반대로 여러 방향에서 동시에 공격받을 수 있으므로 군사력은 단순히 '5 - 3 = 2'만큼이 아니라 전력 차이의 제곱만큼, 즉 $\sqrt{5^2 - 3^2} = 4$'만큼 유리하다. 즉 다섯 대의 적군기는 세 대의 아군기를 모두 물리치고도 평균 네 대가 남게 된다. 이런 전투에서는 적군의 전력이 두 배면 단순히 두 배가 아니라 네 배가 유리해지는 셈이다. 이를 '란체스터 제곱의 법칙Lanchester's Square Law'이라고 부른다.

온갖 마케팅 기법이 총동원되고 다양한 자원이 활용되는 지금의 경쟁 환경은 고대의 전투 방식보다는 현대전과 유사하기 때문에 란체스터 제곱의 법칙이 적용된다고 할 수 있다. 이런 경쟁 환경에서 도전자가 시장 지배자에 비해 자원이 부족하면 실제 경쟁력은 훨씬 더 떨어지기 때문에 역전이 더욱 어려워질 수밖에 없다.

이런 경우에 새로 도전하는 기업이나 몰락해가는 기업이 기존의 불리한 프레임을 자신에게 유리한 프레임으로 바꾸어가는 첫 단계가 바로 '선택과 집중'이다. 란체스터 제곱의 법칙이 적용되는 현대의 복잡한 경쟁 환경에서 3대 5의 불리한 상황 그대로 경쟁을 벌인다면 승산이 거의 없을 것이다. 하지만 자신의 경쟁력을 한곳에 집중시켜 그 분야에서만큼은 3대 1의 우월한 싸움을 만든다면 란체스터 제곱의 법칙이 작용해 9대 1의 압도적인 전력으로 경쟁 상대를 제압할 수 있게 된다. 이처럼 자원을 경쟁력 있는 분야에 집중시키는 것은 극적인 역전으로 가는 매우 중요한 토대가 된다.

세계적인 컨설팅 회사인 올리버 와이만Oliver Wyman의 컨설팅 이사이자 《인더스트리위크IndustryWeek》지가 선정한 '경영계의 가장 영향력 있는 6인' 중 한 명인 에이드리언 슬라이워츠키Adrian J. Slywotzky는 평범한 기업들이 1달러의 비용을 절감할 때 위대한 기업들은 그 두 배인 2달러의 비용을 절감하고 1달러만큼 재투자해왔다고 강조한다.

슬라이워츠키의 조언처럼 남보다 비용을 더 절감하고 그 재원으로 투자를 늘리는 것은 얼핏 매우 어려운 일처럼 보인다. 이렇게 불가능해 보이는 일에 성공하기 위해서는 먼저 기업의 군살을 제거하고 핵심 역량을 선택한 다음 여기에 온전히 집중하는 '선택과 집중'이 필수적이다.

그런데 많은 기업들이 선택과 집중을 한다면서 실제로는 군살을 그대로 두고 핵심 근육부터 먼저 제거하는 경우가 적지 않다. 오랜 세월 여기저기 붙은 군살은 핵심 근육에 비해 잘 보이지 않아 찾기 힘들뿐더러 자잘해 보이는 부분을 제거하는 것보다 굵직한 부분을 크게 덜어내는 것이 더 제대로 된 선택과 집중이라고 착각하기가 쉽기 때문이다. 그래서 군살은 그대로 두고 핵심 근육인 마케팅이나 설비투자는 물론 연구 개발 비용부터 삭감한다. 또한 무리한 임금 삭감과 인력 감축은 물론 협력 업체에 과도한 납품단가 인하 압력을 가하는 경우도 적지 않다.

그러나 마케팅 비용을 과도하게 줄이면 불황으로 가뜩이나 위축된 판매를 회복하기가 더욱 어려워진다. 마찬가지로 과도한 임금 삭감이나 인력 감축에 나서면 다른 업체로 스카우트될 수 있는 뛰어난 인재가 가장 먼저 회사를 떠나기 마련이다. 게다가 협력 업체의 납품단가를 무리하게 낮추면 당장은 비용을 절감할 수 있을지 몰라도 결국은 품질 저하로 되돌아오게 된다. 이처럼 선택과 집중으로 군살이 아닌 핵심 근육을 제거한 기업은 자칫 경쟁력을 잃고 가장 먼저 도태될 위험이 있다.

특히 관료화된 조직일수록 사내 정치가 큰 힘을 발휘하기 때문에 선택의 과정에서 비효율적인 사업이 살아남는 왜곡이 일어날 가능성이 크다. 이런 조직의 부서장들은 조직의 미래보다 자신의 권한을 지키는 데만 열중하기 때문에 선택과 집중 과정에서 불요불급不要不急한 분야가 살아남고 경쟁력 있는 분야가 도태되는 안타까운 경우가 적지 않다.

따라서 선택과 집중에 대한 명확한 기준을 세우지 않으면 자신의 기득권을 지키려는 부서장들에게 휘둘려 개혁이 아닌 개악을 하게 되고 이렇게 우왕좌왕하는 사이에 후발 주자들의 약진에 밀려 몰락의 길을 걷게 된다.

그렇다면 어떻게 선택과 집중을 해나가야 할까? 슬라이워츠키는 7~10년 이상 고객군이 유지될 것이라는 판단이 들고, 높은 수익성을 기록하고 있으며, 경쟁사에 비해 확실한 우위를 점할 수 있는 사업 분야를 선택해야 한다고 조언한다.

선택의 과정에서는 거대한 시장만 좇을 것이 아니라 지금 당장은 미약하더라도 혼자 독차지할 수 있는 시장에 주목해야 한다. 그런 시장을 모두 독차지할 수 있다면 오히려 큰 시장에서 무한 경쟁을 하는 것보다 훨씬 유리한 위치를 점할 수 있기 때문이다.

이렇게 기업의 핵심 역량을 '선택'한 뒤에는 반드시 모든 자원을 '집중'적으로 투자해야 한다. 특히 핵심 역량에 집중하는 과정에서 인적자원을 재배치할 때는 매우 신중하게 접근해야 한다. 만일 선택과 집중을 통해 재배치되는 인력이 스스로를 패잔병으로 생각하고 의욕을 상실한다면 기껏 선택과 집중을 했어도 성과는 오히려 낮아지는 경우가 적지 않기 때문이다. 이 같은 부작용을 막기 위해서는 인력 재배치가 과거의 실패 때문이 아니라 미래의 경쟁력을 키우기 위한 것임을 각인시키고 모든 직원이 선택과 집중 과정에 자발적으로 동참하도록 유도해야 한다.

선택과 집중을 통해 경쟁력을 유지하려고 노력하는 대표적인 기업이 바로 180년의 긴 역사를 자랑하는 세계 최대 생활용품 업체인 P&G다. P&G는 팸퍼스 기저귀, '페브리즈', '아이보리' 비누, 'SK-II', '질레트' 등 우리에게 친숙한 브랜드를 통해 수많은 종류의 생활용품을 생산해왔다.

그러나 2008년 글로벌 금융 위기 이후 경영 환경이 악화되자 P&G의 영업이익이 급격히 줄어들었다. P&G는 지금까지 180년 가까이 고수해왔던 다품종 생산방식을 과감하게 버리고 선택과 집중에 나섰다. 그 결과 전체 제품군의 4분의 1을 줄이고 남은 품목에 연구 개발과 마케팅 여력을 집중했다.

또한 2014년에는 당시까지 남아 있던 180여 개의 브랜드 중 116개를 매각하거나 정리하고 65개만 남겨놓겠다는 과감한 청사진을 내놓았다. 장래가 불투명한 군소 브랜드를 정리하고 핵심 산업에 집중 투자하면 매출은 다소 줄어들겠지만 기업의 경영 건전성은 지킬 수 있다는 계산이었다.

이 같은 선택과 집중의 대가로 P&G의 매출은 다소 줄었지만 대신 2015년 2분기에 3.2퍼센트까지 추락했던 영업이익률은 2016년 2분기에 12.1퍼센트로 높아졌다. P&G는 생활에 필요한 거의 모든 제품을 만든다는 자부심을 버리고 경쟁력 있는 제품에 집중한 덕분에 회생의 길을 찾아가고 있다.

선택과 집중은 극적인 역전을 꿈꾸는 도전자에게 매우 중요한 기술일 뿐만 아니라 추격을 받는 시장 지배자에게도 시장 우위를 지키는 소중한 수단이다. 기업의 전력이 여러 분야로 분산되어 있으면 어떤 분야에서도 경쟁자를 쉽게 이길 수 없겠지만, 핵심 분야에 모든 역량을 집중하면 적어도 그 분야에서는 보다 쉽게 우위를 점할 수 있기 때문에 기존의 경쟁 프레임을 뒤집는 강력한 열쇠가 될 것이다.

선택과 집중은 비단 기업만이 아니라 역전을 꿈꾸는 개인에게도 너무나 중요한 전략이다. 최근 구직난으로 다양한 스펙을 쌓기 위해 어학, 자격증, 학위, 공모전 등에 많은 시간을 분산 투자하는 구직자들이 적지 않다. 물론 다양한 스펙을 쌓는다면 다른 경쟁자들과 비슷해졌다는 마음의 위안은 얻겠지만 자신의 삶을 뒤바꿀 만한 놀라운 '역전'에 성공할 수는 없다.

불리한 여건 속에서 극적인 역전에 성공하고 싶다면 무엇보다 선택과 집중을 해야 한다. 자신만의 독특하고 경쟁력 있는 분야를 선택하고, 여기에 시간이나 돈, 창의력 등 자신의 한정된 자원을 집중 투자해야 그 분야에서 확실한 우위를 차지하고 독보적인 경쟁력을 확보할 수 있다. 구직자뿐만 아니라 이미 직장을 다니고 있는 사람들 그리고 자영업자들도 마찬가지다. 조직 생활 초기에 앞서 나가지 못한다고 해서 실망할 필요가 없다. 1등으로 출발하지 못했다면 앞서 소개한 뛰어난 기업들의 '추격 전략'을 개인의 조직 생활에 응용해보라.

남보다 뒤처져 있다는 자괴감에 넋을 놓고 있을 것이 아니라 내가 특화할 수 있는 남들과 차별화되는 경쟁력이 무엇인지 고민하여 다양한 경험을 쌓으면서 앞으로 다가올 변화에 대비하라. 그러면 반드시 역전의 기회가 올 것이다.

프런티어보다 패스트 세컨드

신기술이 등장하고 새로운 혁신의 물결이 시작되면 조금이라도 빨리 그 시장에 진출해야 유리할 것이라고 생각하고 조급해지게 된다. 하지만 새로운 기술이 태동하는 초기에는 기회가 많은 만큼 실패하기도 쉽기 때문에 무조건 빨리 진출했다고 해서 유리한 것만은 아니다.

1895년부터 1905년까지 미국의 자동차 산업이 태동하자 너도나도 자동차 시장에 진출해 수많은 자동차 회사가 난립했다. 당시에는 어떤 자동차가 소비자들에게 인기를 끌지 몰랐기 때문에 신생 자동차 회사들은 온갖 실험을 했다. 바퀴가 세 개 달린 차는 물론 휘발유, 증기, 전기 등 다양한 동력을 이용한 차량 등 온갖 실험적인 차종이 등장했다.

21세기가 되어서야 전기 자동차가 본격적으로 등장했다고 생각하기 쉽지만 사실 전기 자동차의 역사는 무려 180년이 넘는다. 전기 자동차는 1837년 처음 발명되었고 1912년에는 최고 속도가 시속 32킬로미터인 전기 차가 발명되었다. 그런데도 전기 자동차가 대중화되지 못한 이유는 휘발유 자동차의 발전 속도가 조금 더 빨랐기 때문이었다.

당시 등장했던 다양한 자동차 모델들을 보면 그저 다채로운 실험의 산물로만 보일지도 모른다. 하지만 이 모델들 하나하나는 당시 자동차 업체가 목숨을 걸다시피 하고 만든 것들이었다. 1900년대 초반에는 이미 수많은 자동차 업체가 극심한 경쟁을 하고 있었기 때문에 단 한 번만 실패해도 단번에 파산으로 내몰리기 일쑤였다.

자동차 왕이라고 불리는 헨리 포드Henry Ford도 1901년 자동차 회사를 만들었다가 1년 만에 파산하고 자신이 만든 자동차 회사에서 쫓겨나는 수모를 겪었다. 완벽주의자였던 젊은 헨리 포드가 생산 비용을 고려하지 않고 하나하나 수작업으로 만드는 값비싼 자동차 모델을 개발했다가 참담한 실패를 맛본 것이다.

헨리 포드는 이 같은 실패의 경험을 금과옥조金科玉條로 삼아 1903년 지금의 포드 자동차 회사Ford Motor Company를 만들었다. 하지만 그가 재기했을 때는 이미 100개가 넘는 자동차 회사들이 난립해 치열한 경쟁을 벌이고 있었기 때문에 그는 완전히 뒤처진 후발 주자에 불과했다.

이처럼 불리한 여건 속에서 포드는 소비자들의 니즈를 철저히 분석해 1908년 드디어 자동차 역사에 길이 남을 '모델 T'를 내놓았다. 그리고 한발 늦게 시장에 진입한 포드사가 모델 T로 100개 이상 난립했던 다른 자동차 회사들을 몰아내고 놀라운 대역전에 성공했다.

포드사가 역전에 성공한 비결은 과연 무엇이었을까? 최고의 품질과 뛰어난 성능만을 추구하다가 판매 가격이 치솟는 바람에 쓰디쓴 실패를 경험했던 포드는 적절한 품질과 적당한 기술을 활용해 가격을 낮추고 시장을 확대하는 것이 더 유리하다는 것을 깨달았다.

그는 소수의 부자들이 아닌 다수의 대중을 위한 자동차를 만들겠다고 선언하고 모델 T의 출시 가격을 기존 경쟁 업체 가격의 절반도

헨리 포드가 자동차 시장에 진입했을 때는 이미 100개가 넘는 회사들이 난립하고 있었다. 그러나 포드는 '자동차의 대중화'를 선언하며 가격을 절반으로 인하한 '모델 T'로 자동차 시장을 평정했다.

되지 않는 850달러로 책정했다. 그리고 9년 뒤인 1917년에 가격을 360달러로 인하하자 난립했던 자동차 회사들이 가격 경쟁력에 밀려 하나둘 정리되고 모델 T가 시장을 석권하기 시작했다. 포드는 시장의 프런티어가 되기보다 재빠른 '2등 전략', 이른바 '패스트 세컨드 Fast second' 전략을 택한 셈이다.

이때 포드의 성공 비결은 '디테일'에 있었다. 경쟁 업체들이 시장 개척자가 되기 위해 전에 없던 신기술을 도입하는 데만 몰두했던 것과 달리 포드는 소비자들이 민감하게 생각하는 마감 품질을 높이는 데 주력했다. 그 결과 운전하기 쉬우면서 튼튼한, 완성도 높은 차가 탄생하여 소비자들의 열광적인 지지를 얻어낼 수 있었다.

시장이 성숙되기 전에 진입한 시장 개척자들은 제품이 나오면 가장 먼저 사는 고객, 즉 얼리어답터들을 상대로 제품을 팔아야 한다.

그런데 이들은 제품의 완성도가 조금 미흡하거나 사용 방법이 복잡해도 그 혁신 자체에 열광하는 경향이 있다. 따라서 얼리어답터 위주로 시장을 넓혀가다 보면 세밀한 마감 품질, 즉 디테일을 놓치게 된다.

하지만 일반 소비 대중은 얼리어답터와는 전혀 다른 소비성향을 갖고 있다. 소비 대중은 사용하기 불편하고 마감 품질이 조악한 혁신적인 제품보다 편리하고 내구성이 우수한 완성도 높은 제품을 훨씬 더 선호한다. 이 때문에 시장에 한 발 늦게 진입한 2등은 소비 대중이 원하는 디테일을 찾아 이를 완성하는 데 주력해야 한다.

'2등 전략'의 또 다른 중요한 포인트는 자신만의 차별화된 시장 포지션을 찾아내는 것이다. 1970년대 캐논Canon이 복사기 시장에 뛰어들었을 때 제록스Xerox가 시장의 80퍼센트를 장악하고 있었다. 당시 복사기 시장에는 새로운 후발 주자가 비집고 들어갈 작은 틈조차 보이지 않았다.

제록스는 기업에 복사기를 임대해준 다음 복사기의 유지·보수까지 책임지는 방식으로 유통망을 만들고 이를 본사가 직접 철저하게 관리해줌으로써 복사기 시장을 완전히 장악할 수 있었다. 제록스의 사후 관리 방식에 익숙해진 기업들은 웬만해서는 복사기 회사를 바꿀 생각을 하지 않았다.

그런데 복사기 시장이 날이 갈수록 커지자 그간 눈독을 들여왔던 IBM과 코닥Kodak이 출사표를 던졌다. 두 기업은 각자 고유 분야에서 쌓은 기술력과 자금력을 총동원해 제록스보다 값이 싸고 품질이 좋은 복사기를 내놓았다. 그러나 유통망을 차별화하지 않고 제록스와 똑같이 직접 사후 관리까지 책임지는 임대 방식을 택했다.

이들 기업은 제록스보다 높은 품질과 가격 경쟁력이면 충분히 승산이 있다고 생각했다. 하지만 이미 제록스가 장악하고 있던 복사기 시장은 난공불락의 요새와도 같았다. 제록스를 쓰던 기업은 기존의 제록스 복사기를 조금 더 저렴하다는 이유로 IBM이나 코닥 제품으로 바꾸지 않았다.

약간의 품질 차이가 있었지만 대부분의 기업들은 이미 제록스 복사기에 만족하고 있었기 때문에 새로 나온 제품을 거들떠보지도 않았다. 막강한 자본력과 기술력을 가진 IBM과 코닥이 복사기 시장에서 제록스를 역전하지 못한 이유는 제록스와 다른 자신만의 차별화에 실패했기 때문이었다.

미국 메이저 기업들의 실패 이후 캐논이 북미 복사기 시장에 진출하기로 결정했다. 시장에서는 캐논 역시 IBM이나 코닥처럼 고배를 마실 것이라고 예측했다. 하지만 캐논은 이전에 IBM이나 코닥이 실패했던 방식, 즉 사후 관리까지 포함한 기업 임대 방식을 택하지 않고 제록스가 간과하고 있던 소규모 자영업자나 개인 사용자를 첫 공략 대상으로 삼았다.

기업들은 복사기 사용량이 많기 때문에 유지·보수까지 해주는 제록스를 선호했지만 복사기 사용량이 많지 않았던 소규모 자영업자나 개인 사용자들은 사후 관리보다는 저렴한 가격이 더 중요했다. 캐논은 바로 이 점에 주목해 직접 영업망을 구축하는 대신 기존의 전자 제품 도·소매 유통망을 이용해 비용을 절감하고 복사기 가격을 낮추었다.

캐논의 전략은 정확하게 적중했다. 개인 사용자와 소규모 자영업자들은 값싼 캐논 복사기에 열광했다. 개인 사용자와 소규모 자영업자 시장을 확보한 캐논은 이를 기반으로 점차 중견 기업과 대기업으로 공략 대상을 확대하기 시작했다. 그 결과 캐논은 제록스를 제치고 복사기 시장에서 새로운 강자로 떠올랐다. 1등이 놓치고 있던 틈새시장에서 시작해 결국 시장 전체의 주도권까지 장악한 것이다.

이처럼 뒤늦게 뛰어들어 1등을 따라잡는 '2등 전략'에 성공하려면 1등이 만든 게임의 규칙에서 벗어나 자신에게 유리한 새로운 게임의 규칙을 찾아내는 '프레임 전환'을 해야 한다. 이를 위해서는 1등에게 유리한 시장에서 정면 승부를 하는 것보다 1등이 놓치고 있는 시장을 찾아 차별화된 포지션을 구축한 다음 이를 기반으로 1등이 장악하고 있는 핵심 시장을 공략해나가는 것이 유리하다.

기존 시장 질서는 1등에게 유리할 수밖에 없다. 따라서 뒤늦게 시장에 진출한 후발 주자가 1등과 같은 방식으로 시장에 도전하면 승산이 없다. 후발 주자가 기존 기업을 역전하기 위해서는 그들이 놓친 디테일을 보완하고 그들과의 차별화를 통해 시장의 프레임을 자신에게 유리하게 바꾸어나가야 한다.

그들이 포기한 분야를 다시 보라

플렉스트로닉스Flextronics는 일반인들에게 생소한 회사지만 2016년 《포춘Fortune》지가 선정한 세계 500대 기업 중에 453위를 차지했을 뿐만 아니라 세계 30개국에서 무려 20만 명을 고용하고 있는 글로벌 전자제품 제조 기업이다. 1969년 창립된 싱가포르 기업이 이처럼 거대한 기업으로 성장한 것은 바로 남들이 포기한 제조 분야를 집중적으로 공략했기 때문이다.

1980년대 이후 전자 업계에서는 상품 기획의 수익성이 가장 높고 제조의 수익성이 가장 낮다는 것이 정설이 되기 시작했다. 이 때문에 마이크로소프트, HP 등 세계적인 전자제품 업체들은 상품 기획과 같이 수익성 높은 분야에 집중하기 위해 전자제품의 제조는 하청 업체에 아웃소싱하기 시작했다.

플렉스트로닉스가 시장에 진출했을 때만 해도 이런 하청 제조업체들은 소규모에 수익성도 낮았다. 하지만 플렉스트로닉스는 글로벌 기업들이 제조를 포기하면서 값싸게 공장을 내놓자 이를 헐값에 사들여 생산 기반을 대규모로 확대했다. 그리고 전 세계 곳곳에서 사들인 공장의 생산방식을 표준화해서 효율성과 수익성을 한 차원 끌어올렸다.

또 세계 각국의 공장을 유기적으로 연결해 생산의 유연성을 확보했다. 즉 중국 공장에 생산 물량이 넘치면 이를 베트남 공장으로 넘기도 하청 제조업체도 글로벌 기업이 될 수 있을까?
플렉스트로닉스는 절대 바꿀 수 없을 것 같던
'제조의 수익성'에 대한 정설을 뒤집고
세계적 기업이 되었다.

플렉스트로닉스의 마이크 맥나마라 사장(CEO)은 제조 분
야의 수익성이 낮다는 기존의 편견을 깨고 제조 분야를
특화하여 고수익 산업으로 바꾸는 새로운 변화를 이끌
어내고 있다.

록 했다. 또한 전 세계의 부품 단가 데이터베이스를 활용해 플렉스트로닉스 본사가 직접 부품을 대량 구매하는 방식으로 구매 단가를 획기적으로 낮추었다.

특히 주문받은 대로 단순히 생산하고 납품하던 기존의 하청 업체들과는 달리 플렉스트로닉스는 포장과 물류는 물론 디자인과 판매까지 대행하는 토털 서비스를 제공해 글로벌 기업들을 사로잡았다. 그 결과 마이크로소프트의 엑스박스 게임기, 제록스 복사기 등 글로벌 기업의 제품을 도맡아 생산하면서 2016년에는 무려 240억 달러(약 27조 원)의 매출을 올리는 거대 기업으로 성장할 수 있었다. 결국 하청 업체는 영세하고 작다는 기존의 프레임을 깨고 새로운 가능성을 찾아낸 덕분에 글로벌 기업으로 성장하는 대역전에 성공한 것이다.

이처럼 남들이 포기한 분야뿐만 아니라 남들이 버린 기술이라도 이를 시장과 연결할 방법만 찾아낸다면 얼마든지 대역전에 성공할 수 있다. 사실 2010년에 등장한 애플의 아이패드를 최초의 태블릿 PC로 알고 있는 사람이 적지 않지만 실제 태블릿 PC의 시초는 이보다 21년이나 앞선 1989년으로 거슬러 올라간다.

당시 벤처 기업이었던 그리드시스템스Grid Systems는 터치 화면과 터치펜까지 갖춘 세계 최초의 태블릿인 그리드패드GRiDPad를 내놓았다. 하지만 당시만 해도 태블릿 PC를 어디에 써야 할지 몰랐던 데다 관련 기술도 미비했기 때문에 홀로 독창적이었던 그리드패드는 이내 참담한 실패로 끝나고 말았다.

12년 뒤인 2001년 빌 게이츠Bill Gates 마이크로소프트 회장도 태블릿 PC가 컴퓨터의 새로운 미래가 될 것이라고 발표하고 이듬해 태블릿 PC를 출시했다. 비슷한 시기에 삼성, 컴팩, HP, 후지쓰, 도시바 등도 앞다투어 태블릿 PC를 내놓았지만 특별한 필요성을 느끼지 못한 소비자들이 태블릿 PC를 철저히 외면하는 바람에 모두 참담한 실패로 끝났다.

초기 태블릿 PC도 자체 기능만 놓고 보면 이미 상당한 수준에 올라 있었지만 데이터 통신 속도나 응용프로그램 등 관련 기술들이 미처 발달하지 못해 제대로 활용할 방법이 많지 않았던 것이다. 기업들이 하나둘 태블릿 PC 사업을 포기하고 철수하면서 태블릿 PC 시장은 버림받은 시장으로 전락했다.

이처럼 버림받고 소외되었던 태블릿 PC 시장에 애플이 아이패드로 진출한다고 선언하자 전문가들 사이에는 제아무리 아이폰으로 대박을 터뜨린 애플이라도 태블릿 PC는 실패할 수밖에 없을 것이라는 비관적인 전망이 많았다. 하지만 이를 비웃듯 2010년 애플의 아이패드가 출시되자마자 날개 돋친 듯 팔려나갔다.

사실 기능 자체만 보면 아이패드는 과거 2000년대 초반 출시된 태블릿 PC와 큰 차이가 없었다. 하지만 이번에는 시장 환경이 과거와는 완전히 달랐다. 우선 태블릿 PC를 활용할 수 있는 초고속 통신 환경이 발달한 것은 물론 거대한 응용프로그램 생태계까지 조성되어 있었다.

우리가 지금 혁신적인 제품이라고 여기는 것들도
이미 오래전에 누군가가 발명하고 만든 것일 수도 있다.
발상을 전환하면 역전의 기회는 가까이에 있다.

21년간 고전을 면치 못했던 태블릿 PC가 2010년 애플의 아이패드 출
시 이후 본격적인 인기몰이를 시작했다.

게다가 과거 태블릿 PC가 노트북을 흉내 내는 데 주력했던 것과 달리 아이패드는 태블릿 PC만의 새로운 소비 방법을 제시했다. 아이패드는 이전의 태블릿 PC와 같은 생산의 도구가 아니라 콘텐츠를 소비하는 도구로 소비자들에게 접근한 것이다. 애플은 이런 발상의 전환을 통해 한때 소비자들에게 버림받았던 태블릿 PC 시장을 되살렸다.

비록 2015년 이후 태블릿 PC 시장이 크게 위축되고 있지만 2014년 전 세계 태블릿 PC 판매량은 2억 2000만 대를 넘어 1억 7000만 대에 불과했던 전 세계 노트북컴퓨터 판매량을 뛰어넘을 정도로 큰 성공을 거두었다. 애플이 아이패드로 새로운 시장의 가능성을 보여주지 않았다면 아예 존재하지도 않았을 시장이 새로 창출된 셈이다.

세상에 없던 새로운 혁신은 극소수 천재들만의 영역일 수 있다. 하지만 남들이 포기한 기술을 새로운 시장과 연결하는 것은 평범한 사람들도 관심과 열정만 있다면 얼마든지 할 수 있다. 특히 실패한 기술이나 서비스라도 실패 원인을 면밀히 살펴보고 이를 보완할 방법을 찾아낸다면 얼마든지 재활용하여 새로운 시장을 창출할 수 있을 것이다.

3

추격자의 눈으로
다르게 보라

◆

포드가 완전히 장악했던 자동차 시장을 탈환하기까지 가장 큰 역할을 한 것은 GM이 가지고 있던 추격자의 눈이었다. 만일 GM의 설립자 윌리엄 듀런트가 다른 마차 제조업자들처럼 세상의 변화를 보는 추격자의 눈을 가지고 있지 않았다면 자동차의 명가 GM은 탄생할 기회조차 없었을 것이다. 이처럼 거대한 트렌드를 읽는 추격자의 눈은 영원히 마차업자로 남을지 아니면 미국 최고의 자동차 회사를 세울지를 좌우할 만큼 결정적이다.

"멀리 갈 위험을 감수하는 자만이
얼마나 멀리 갈 수 있는지 알 수 있다."

— T. S. 엘리엇

시장의 본질을 간파하는 추격자의 눈

애플의 창업자라고 하면 가장 먼저 스티브 잡스를 떠올리고 그다음 애플 컴퓨터를 직접 개발한 스티브 워즈니악Steve Wozniak을 생각하게 된다. 하지만 애플에는 잡스와 워즈니악 외에 로널드 웨인Ronald Wayne 이라는 제3의 공동 창업자가 있었다는 사실을 아는 사람은 그리 많지 않다.

로널드 웨인은 당시 최고의 게임기 회사였던 아타리에서 잡스, 워즈니악과 함께 일하던 동료였다. 잡스는 회사를 운영한 경험이 없었기 때문에 연륜이 있고 대인 관계가 좋은 웨인을 공동 창업자로 영입했다. 또 잡스와 워즈니악 사이에 분쟁이 생길 경우 중재를 맡기기 위해 애플 창업 당시 지분을 잡스와 워즈니악이 각각 45퍼센트, 웨인이 10퍼센트로 나누었다.

웨인은 애플의 창립 과정에서 컴퓨터 회로 제작과 광고 기획, 문서 관리 등을 맡았다. 애플의 첫 번째 로고와 회사 운영 매뉴얼은 웨인이 만든 것이었다. 워즈니악이 자서전에서 "웨인은 우리가 모르는 많은 것들을 알고 있었고 애플 창업 초기에 큰 역할을 했다"고 회고할 정도였다.

잡스의 강력한 권유로 애플의 공동 창업에 참여하기는 했지만 웨인은 애플의 미래에 대한 확신이 전혀 없었다. 도대체 누가 이렇게 쓸모도 없어 보이는 값비싼 애플 컴퓨터를 산다는 말인가? 불현듯 극도의 불안감에 빠진 웨인은 지분 10퍼센트라도 되찾기 위해 애플에 출자했던 800달러(약 90만 원)를 돌려달라고 떼쓰기 시작했다.

결국 웨인에게 시달리다 못한 잡스는 창업 11일 만에 출자금 800달러를 돌려주었다. 그리고 한 달 뒤에는 애플에서의 모든 권리를 포기하는 대가로 1500달러를 추가로 챙겨주었다. 웨인은 11일간 일한 대가로 1500달러(약 170만 원)라는 꽤 짭짤한 수입을 올렸다며 뿌듯해했다.

하지만 그가 애플 지분 10퍼센트를 지금까지 가지고 있었다면 그의 인생은 완전히 달라졌을 것이다. 2017년 2월 애플의 시가총액은 7000억 달러(약 800조 원)를 돌파했다. 나중에 애플이 투자를 받아 지분 가치가 희석된 것을 감안해도 웨인은 수조 원대를 보유한 엄청난 거부가 될 기회를 스스로 포기한 셈이었다.

그의 실수는 여기서 그치지 않았다. 그는 애플을 그만둔 이후에도 여전히 애플의 엄청난 가치를 이해하지 못하고 애플의 공동 창업 계약서를 단돈 500달러에 팔아버렸다. 그는 2011년 경매에서 자신이 헐값에 팔아버린 바로 그 계약서가 무려 160만 달러(약 19억 원)에 팔리는 것을 지켜봐야 했다.

결국 애플이 그의 인생에 제공한 마지막 기회까지 스스로 걷어차버린 웨인은 2017년 현재 미국 네바다주 남부의 파럼Pahrump이라는 작은 시골 마을에서 동전과 우표 거래로 푼돈을 벌면서 정부의 사회보장연금으로 근근이 살아가는 처지가 되었다.

그는 애플 지분을 판 것을 후회하느냐는 기자의 질문에 "앞날을 내다봤다면 좋았겠지만 그때 내가 알던 상황에서는 그게 최선이었다"라고 대답했다. 또 애플을 퇴사한 뒤 단 한 번도 애플 제품을 산 적이 없으며, 인생에서 가장 후회하는 일이 애플의 창업 과정에 참여한 것이라고 밝혔다.

웨인이 애플이라는 엄청난 성공 열차에 올라타고도 그 기회를 연거푸 잃어버린 이유는 바로 세상을 관찰하는 '추격자의 눈'을 갖고 있지 않았기 때문이다. 추격자의 눈이 없으면 개인뿐만 아니라 기업도 눈앞에 찾아온 기회를 놓치고 순식간에 몰락의 길로 빠져들 수밖에 없다.

추격자의 눈이란 역전을 갈망하는 기업이나 개인이 자신이 처한 경쟁 환경의 본질을 정확하게 이해하고 이를 역전의 수단으로 활용하는 것을 뜻한다. 다시 말해 단순히 겉으로 드러난 시장의 현상을 살피는 '시장 분석'을 넘어 그 이면에 숨겨진 진실을 정확하게 파악해야 한다.

예를 들어 경기 불황으로 저가 상품이 잘 팔리기 시작한 경우 단순한 시장 분석을 통해 저가 제품 생산 라인을 증설하는 데 그칠 것이 아니라 소비 대중의 기호, 인구 구조, 소득 분포 등 거대한 트렌드의 변화를 이해하는 힘을 키워야 한다. 그래야만 그 변화의 물결을 선도하고 패러다임의 변화에 앞서 시장을 선점할 수 있기 때문이다.

또한 추격자의 눈을 가지려면 자신이 처한 경쟁 환경이나 시장 환경을 '닫힌계Closed System'가 아니라 '열린계Open System'로 파악해야 한다. 추격자의 눈은 단순한 '시장 예측'과는 달리 자신이 속한 시장이 다른 수많은 시장과 서로 상호작용하며 진화해나가는 모습을 추적하는 힘을 가지고 있어야 한다.

코닥은 세계 최고의 혁신 기업이었지만 추격자의 눈을 잃고 몰락한 대표적인 사례다. 120년의 역사를 자랑하는 코닥은 한때 필름 시장의 90퍼센트를 장악하고 필름이나 카메라와 관련한 수많은 특허를 보유하고 있던 기업이었다. 그런데 최악의 경영 위기로 14만 5000명의 직원 중 90퍼센트에 가까운 13만 명을 해고하고도 살아나지 못해 결국 2012년에 파산하고 말았다.

코닥이 처참하게 무너진 이유는 디지털카메라의 등장으로 주력 산업이었던 필름 산업이 아예 사라져버렸기 때문이었다. 어처구니없게도 바로 그 디지털카메라를 세계 최초로 개발한 기업은 다름 아닌 코닥이었다. 코닥은 남보다 훨씬 먼저 디지털카메라를 개발하고도 추격자의 눈을 잃어버린 탓에 디지털카메라가 가져올 새로운 변화를 전혀 감지하지 못하고 비참한 최후를 맞았다.

1975년 코닥의 기술자였던 스티브 새슨Steve Sasson은 세계 최초로 디

코닥은 가장 먼저 디지털카메라를 개발하고도
시장 외부의 혁신적 변화를 이해하지 못한 채
역사의 저편으로 사라지고 말았다.

스티브 새슨과 그가 세계 최초로 발명한 디지털카메라. 만일 코닥
이 이 투박한 카메라의 놀라운 미래를 조금이라도 알아챘다면 여
전히 세계 최고의 기업으로 남아 있었을지 모른다.

지털카메라를 만들었다. 물론 새슨이 만든 디지털카메라는 가정용 프린터만 한 크기에 겨우 흑백 이미지만 촬영할 수 있었고 화소가 0.01메가픽셀에 불과해 지금과는 큰 차이가 있었다. 더구나 저장 장치로 테이프리코더를 사용한 탓에 이미지 한 장을 기록하는 데만 무려 23초가 걸렸기 때문에 큰 관심을 끌지 못했다.

하지만 코닥의 기술자들은 경영진의 무관심 속에서도 결코 포기하지 않고 디지털카메라 기술을 끝없이 발전시켜 1986년에는 세계 최초로 1.4메가픽셀 이미지 센서를 개발하는 데 성공했다. 이처럼 세계 최고의 기술력을 가진 코닥의 엔지니어들이 디지털카메라와 관련된 원천 기술을 끊임없이 개발했지만 코닥의 경영진은 디지털카메라가 가져올 새로운 가능성을 과소평가하고 제품 개발을 서두르지 않았다.

코닥이 꾸물거리는 사이 상용 디지털카메라를 개발해 경쟁적으로 출시한 기업들은 소니Sony와 캐논, 니콘Nikon 같은 일본 회사였다. 이런 상황에서도 코닥은 여전히 디지털카메라의 잠재력을 깨닫지 못하고 머뭇거리는 바람에 일본의 카메라 회사들에 맞설 기회를 영원히 놓치고 말았다.

온갖 시행착오 끝에 기술력을 축적한 일본의 카메라 회사들은 2000년대에 들어서면서 완성도 높은 디지털카메라를 쏟아내기 시작했다. 뒤늦게 코닥도 전사적全社的 노력을 기울여 디지털카메라 시장에 뛰어들었지만 이미 때늦은 대응이었다. 필름 시장 자체가 사라지는 최악의 위기 속에서 코닥은 급격히 몰락의 길을 걷기 시작하더니, 2007년부터는 더 이상 이익을 내지 못했고 2012년에는 끝내 파산하고 말았다.

지금 돌이켜보면 코닥이 정말 한심해 보일지 모른다. 하지만 추격자의 눈을 키우기 위해 끊임없이 노력하지 않으면 코닥의 경영진처럼 오판을 하는 것은 아주 쉬운 일이다. 당시 코닥은 필름과 카메라만 판매한 것이 아니라 사진 촬영 이후의 전 과정에서 천문학적인 돈을 벌고 있었다. 필름을 현상하고, 인화지를 만들고, 현상에 필요한 화학약품을 제조하는 과정이 모두 코닥의 수익원이었던 것이다.

이런 상황에 안주해 있던 코닥은 디지털카메라가 가져올 새로운 가능성은 생각하지 못하고 디지털카메라를 앞장서서 개발할 경우 과거의 수익원을 송두리째 잃어버리게 될 것만 걱정했다. 그러다 보니 필름 시장이 사라질 것이라고 경고하거나 기존 부서의 수익원을 위협하는 신기술 개발을 주장하는 직원은 조직 내에서 인기가 없었다. 결국 경영진은 자신의 임기 동안에만 아무 일도 일어나지 않으면 된다는 근시안적 시각으로 경영을 한 것이다.

코닥은 필름 시장을 '닫힌계'로만 이해하고 있었기에 디지털카메라 등 시장 외부에서 일어난 새로운 혁신이 자신의 시장에 미치는 치명적인 영향을 과소평가했다. 필름 시장만 분석한 단순한 '시장 예측'은 결코 디지털카메라와 같은 외부의 거대한 혁신이 가져올 혁명적 변화를 제대로 반영할 수 없었기 때문에 자신을 파멸로 이끌 치명적인 오판을 부른 것이다.

추격자의 눈에서 중요한 것은 시장 지배자가 갖고 있는 허상을 꿰뚫고 본질을 정확하게 간파하는 것이다. 기존 시장 지배자의 기세에 눌려 그들의 약점마저 강점으로 오판하면 역전의 기회를 놓칠 수밖에 없다.

시장의 본질과 경쟁 환경을 정확하게 꿰뚫어볼 수 있는 추격자의 눈은 역전을 꿈꾸는 도전자에게만 필요한 것이 아니다. 이미 시장을 장악하고 있는 기업이라도 지금처럼 시장 환경이 급변하는 상황에서는 자신의 위치를 지키기 위해 추격자의 눈을 키우고 유지하는 데 한시도 소홀해서는 안 된다.

이는 개인 차원에서도 마찬가지다. 닫힌 인적 네트워크를 갖는 경우에는 약한 네트워크의 열린계를 통해 매일 다양한 분야의 새로운 것을 접하고 이를 연결하는 훈련을 해야 한다. 약한 네트워크는 유대감이 낮은 대신 끊임없이 지적 호기심을 자극하는 새로운 정보를 나눌 수 있기 때문에 혁신적인 아이디어를 찾는 중요한 창구가 될 수 있다.

약한 네트워크를 만들어가기 위해서는 자기 조직 내부 사람만이 아니라 사회 각계각층의 다양한 사람들의 모임에 참여할 필요가 있다. 이런 약한 네트워크가 계속해서 새롭고 다양한 사람들이 참여하는 열린계가 되어 무한한 확장성을 갖게 되면 어떤 극심한 변화 속에서도 시장의 본질을 간파하는 예리한 추격자의 눈을 유지할 수 있을 것이다.

난공불락의 포드를 역전한 GM의 힘

앞서 소개한 바와 같이 1908년 등장해 미국 자동차 시장을 석권한 포드의 모델T는 다른 경쟁자들에게 난공불락의 요새와도 같았다. 포드가 자동차 시장을 장악하자 시장에 난립해 있던 수많은 자동차 회사가 절체절명의 위기를 맞았다. 제너럴모터스General Motors, GM 사장이었던 윌리엄 듀런트William C. Durant도 마찬가지였다. 1910년 이후 GM의 주력 브랜드였던 '뷰익Buick'이 포드사에 밀려 심각한 판매 부진에 빠지자 그는 자신이 세운 회사에서 쫓겨나고 말았다.

듀런트는 절치부심切齒腐心하며 자동차 경주 선수이자 엔지니어였던 루이 쉐보레Louis Chevrolet와 손잡고 쉐보레사를 창업했다. 하지만 이번에는 GM에서 쫓겨날 때와는 결정적인 차이가 있었다. 포드가 장악하여 작은 틈새조차 보이지 않던 자동차 시장에서 포드가 놓치고 있던 미묘한 변화를 찾아낸 것이다.

당시 미국에서는 소득이 높아지고 중산층이 늘어나면서 획일적이고 '적당한' 품질을 고집하던 모델T에 싫증을 내는 사람들이 늘어나기 시작했다. 포드사의 일부 이사진이 이런 고객들의 변화에 맞추어 모델을 다변화해야 한다고 주장했지만 창업자인 헨리 포드는 이를 무시하고 천편일률적인 모델 T만을 고집했다.

쉐보레는 이 점을 간파하고 '시리즈 490Series 490'을 출시했다. 모델

T가 장악한 세상에서 남과는 달라 보이는 시리즈 490은 그야말로 획기적인 것이었다. 시리즈 490은 시동을 걸기가 훨씬 쉬웠고 모델 T의 무거운 2단 톱니바퀴 변속기 대신 부드러운 3단 변속기가 장착되었다. 덕분에 시리즈 490은 공급량을 맞추기가 어려울 정도로 날개 돋친 듯 팔려나갔다. 이 같은 성공을 기반으로 듀런트는 자신을 쫓아냈던 GM을 다시 합병하고 쉐보레를 GM의 브랜드로 편입시켰다.

대중적으로 자리 잡은 자동차는 신분의 상징이 되기 시작했다. 더구나 자동차에 대한 눈높이가 높아지면서 점점 더 빠르고 부드러운 승차감을 원하는 사람들이 늘어났다. GM은 이 같은 변화를 간파하고 다양한 새 모델을 개발해 포드가 장악했던 자동차 시장을 조금씩 빼앗기 시작했다.

듀런트 이후 GM을 이끈 앨프리드 슬론Alfred Sloan은 자사의 자동차를 저가 시장인 쉐보레와 중급 시장인 뷰익, 그리고 고급 시장인 캐딜락으로 세분화했다. 그리고 자동차의 기능이나 실용성을 강조하던 과거의 마케팅 방식에서 벗어나 해마다 자동차 모델을 변경하는 연식Model Year을 도입해 자동차를 일종의 패션처럼 여기고 옷을 갈아입듯 차를 사게 유도했다.

포드가 완전히 장악했던 자동차 시장을 탈환하기까지 가장 큰 역할을 한 것은 GM이 가지고 있던 추격자의 눈이었다. GM은 자동차 시장에 대한 끊임없는 관찰을 통해 소비자들이 원하는 차의 모습이 달라지고 있음을 정확히 파악했다. 또 그런 소비자의 니즈를 충족시키지 못한 포드사의 약점을 정확하게 간파한 덕분에 GM은 시장을 지배하던 포드를 넘어 미국 최고의 자동차 회사로 발돋움해나갔다.

추격자의 눈을 키우기 위해 가장 중요한 것은 시장의 변화를 끊임없이 관찰하는 것이다. 특히 소득이나 인구 변화에 따라 마치 살아 있는 생물처럼 끊임없이 변화하는 소비자들의 니즈를 정확히 파악하고 있어야 한다. 시장 지배자가 강하면 강할수록 그들이 놓치고 있는 새로운 니즈, 작은 불만들도 많아질 수밖에 없기 때문에 이를 정확하게 파악하고 틈새를 파고들어갈 자신만의 무기를 만드는 것이 중요하다.

추격자의 눈, 어떻게 만들고 활용할 것인가

전략 1 | 끊임없이 탐색하라

디지털카메라의 등장으로 필름 시장이 붕괴되는 것이나 자동차 산업의 발전으로 마차 산업이 아예 사라지는 것, 그리고 전기 자동차의 부상으로 내연기관이 위협받는 것처럼 어떤 산업의 존폐까지 좌우할 정도로 거대한 변화는 대개 자신이 속해 있는 산업 밖에서 일어나는 경우가 많다.

따라서 시장의 흐름을 관찰하는 추격자의 눈을 갖기 위해서는 자신이 속해 있는 업계뿐만 아니라 시장 전체를 뒤흔들 거대한 패러다임의 변화를 놓치지 않도록 끊임없이 새로운 정보를 탐색해야 한다. 더구나 한 업종에 오랫동안 종사했거나 과거에 큰 승리의 경험이 있는 경우에는 새로운 변화를 감지하기가 더욱 어렵기 때문에 기존의 고정관념에 지속적으로 의문을 품어야 한다.

새로운 변화를 감지하기 위해 개인에게 가장 중요한 일은 다양한 사람들과 만나는 것이다. 동종 업계나 동일 기업에 종사하는 '뻔한' 사람들만 만나게 되면 외부에서 일어나는 거대한 변화의 물결을 감지할 수 없기 때문에 추격자의 눈을 갖기 어렵다. 이러한 한계를 넘어서려면 반드시 나와 다른 방식으로 접근하는 그룹의 사람들과 접점을 만들고 늘 생각을 교류해나가야 한다.

이렇게 개인이 추격자의 눈을 만들어나가기 위해서는 새로운 정보를 통해 끊임없이 자극을 받는 것이 중요하지만 개인을 넘어 하나의 조직이 추격자의 눈을 갖도록 하는 것은 차원이 다른 문제다. 조직 차원에서 구성원들에게 추격자의 눈을 각인시키기 위해서는 그런 능력을 갖춘 사람을 적극 발굴하고 적절히 보상하는 것은 물론 이를 조직 전체에 전파하는 '시스템'을 만들어야 한다.

추격자의 눈을 모든 구성원들에게 각인시킬 수 있는 시스템을 만들기 위해 일본의 건축용 전기제품 전문 회사인 미라이末末공업의 경영 전략을 참고해보자. 미라이공업은 직원들에게 꿈의 직장을 제공하는 '유토피아 경영'으로 우리나라에 소개된 경우가 많았다. 그렇다 보니 직원들에게 무제한 복지를 제공하며 성공한 특이한 경영 사례 정도로 알려져 있다.

물론 미라이공업은 상상을 뛰어넘는 직원 복지를 자랑한다. 전 직원을 정규직으로 고용하고 있는 데다가 정년이 70세로 사실상 종신 고용이 보장된다. 하루 7시간 15분만 일하고 5시가 되면 무조건 퇴근해야 한다. 당연히 잔업은 물론 휴일 근무도 없다. 1년에 140일의 휴가를 사용할 수 있고 자녀 한 명당 육아휴직 기간이 3년이나 된다. 그러면서도 급여 수준은 동종 업계보다 10퍼센트 이상 높다.

이렇게 유토피아로 불릴 만큼 놀라운 근로조건을 유지하면서도 미라이공업은 건축용 전자제품 분야에서 대기업 계열사인 마쓰시다전기를 상대로 놀라운 역전에 성공해 모두를 깜짝 놀라게 했다. 그 뒤로 미라이공업의 '유토피아 경영'이 성공한 비결에 대해 수많은 연구가 뒤따랐고 일본에서는 그 성공 비결을 모방하려는 기업들까지 등장했다.

하지만 여기에는 주의해야 할 점이 있다. 유토피아 경영이 미라이공업의 경쟁력을 높여준 것은 사실이지만 그것만으로 성공을 거둔 것은 결코 아니라는 점이다. 오히려 미라이공업의 꿈같은 직원 복지는 미라이공업이 이루어낸 놀라운 성공의 결과물로 보아야 한다.

미라이공업에서 주목해야 할 점은 직원들 한 명 한 명에게 추격자의 눈을 각인시키는 데 성공했다는 점이다. 미라이공업이 처음 문을 연 1965년은 일본 경제가 급성장하던 시기였지만 동시에 새로운 기업이 무더기로 쏟아져 나와 각축전을 벌였던 시기이기도 하다. 그런 치열한 경쟁에서 살아남기 위해 미라이공업은 매번 다른 경쟁자들이 생각지도 못했던 새로운 제품을 만들어내야 했다.

특히 미라이공업이 만드는 건축용 전자제품은 종류도 다양하고 단가도 높지 않았기 때문에 빠른 속도로 신제품을 개발해 경쟁자들을 따돌리기 위해서는 몇몇 연구진에게만 의존해서는 승산이 없었다. 그래서 미라이공업은 모든 직원이 끊임없이 시장의 변화를 관찰하고 소비자의 니즈를 파악해 새로운 제품을 개발하고 공정을 개선하는 데 기여하도록 전 직원에게 추격자의 눈을 각인시키고자 했다.

미라이공업은 "항상 생각하라"는 모토를 내걸고 직원들에게 자신의 아이디어가 담긴 제안서를 직접 작성하게 했다. 혁신안을 제안한 직원들에게 가점을 준 것은 물론이고 직원들의 아이디어로 개선되거나 혁신된 공정이나 설비에는 그 직원의 이름과 함께 초록색 마크를 붙여 자부심을 심어주었다.

그 결과 중견 기업인 미라이공업에서는 800여 명의 직원들이 해마다 1만 건이 넘는 새로운 아이디어를 쏟아내고 있다. 미라이공업이 생산한 1만 8000종류의 제품 중에 90퍼센트 이상이 직원들의 아이디어에서 나왔다.[1] 이렇게 끝없이 쏟아져 나오는 신제품이 미라이공업의 핵심 경쟁력이 되고 있다.

모든 직원에게 추격자의 눈을 각인시키고 싶다면 수시로 직원들의 아이디어를 공모하고 이를 직접 반영해야 한다. 그리고 참신하고 새로운 아이디어를 낸 직원들에 대해서는 충분한 인센티브와 함께 그 업무를 추진할 권한을 제공해야 한다. 그러면 직원들 모두가 시장의 흐름은 물론 경쟁자의 약점과 자신의 강점을 정확하게 파악하는 놀라운 추격자의 눈을 가진 새로운 혁신의 주체로 자리매김할 것이다.

전략 2 | 실패와 시행착오를 두려워하지 마라

1970년대 초반 조지 포먼George Foreman은 단 한 번도 패한 적이 없는 무적의 복서였다. 그는 1974년까지 40번 싸워 40번을 모두 이기고 그중 37번은 KO승이었을 정도로 압도적인 전적을 자랑했다.

그런 그가 1974년 또 하나의 전설이었던 무하마드 알리Muhammad Ali와 챔피언 타이틀전을 벌이자 전 세계의 이목이 이 세기의 대결에 집중되었다. 당시 알리는 32세로 평균적인 권투 선수의 은퇴 연령을 넘어선 데다 몸집도 불어 있었기 때문에 대부분의 사람들은 25세로 전성기를 맞고 있는 포먼이 알리를 쉽게 제압할 것이라고 예상했다.

하지만 막상 경기가 시작되자 의외의 결과가 나타났다. 알리는 포먼을 살살 약 올리며 도망만 다니다가 기회가 되면 카운터펀치를 날리는 전략을 구사했다. 결국 알리를 쫓아만 다니면서 지치기 시작한 포먼은 점점 큰 궤적으로 헛주먹만 휘두르다가 8회에 결정타를 얻어맞고 KO패를 당했다.

모두의 예상을 뒤집은 이 승부는 전승 가도를 달리던 포먼에게 좀처럼 헤어나지 못할 큰 충격을 주었다. 알리에게 패배한 이듬해 조지 포먼은 젊은 신예였던 지미 영Jimmy Young에게조차 패하고 심장마비로 거의 죽을 뻔한 위기까지 겪었다.

간신히 살아난 포먼은 권투 선수에서 은퇴하고 목사가 되었다. 그리고 전도 활동을 위해 그동안 모은 돈을 쓰기 시작했다. 결국 남은 돈마저 청소년 센터에 내놓고 운영자금이 부족해지자 돈을 마련하기 위해 권투 선수에겐 환갑도 넘은 나이로 치부되던 38세에 다시 링으로 복귀하기로 결심했다.

이미 한물간 선수로 취급받던 포먼은 마치 권투에 처음 입문한 선수처럼 처음부터 싸워나가야 했지만 전혀 아랑곳하지 않고 밑바닥에서부터 올라갔다. 그리고 복귀 4년 만인 42세에 드디어 당시 헤비급 챔피언 에반더 홀리필드Evander Holyfield와 챔피언 타이틀을 걸고 대결을 벌였지만 이내 패배했다.

하지만 패배를 몰랐던 20대의 젊은 포먼과 달리 42세의 노련한 포먼은 패배를 받아들일 줄도, 또 패배를 딛고 일어설 줄도 아는 사람으로 변해 있었다. 그는 패배에 전혀 굴하지 않고 끝없이 도전했다. 결국 그는 만 45세라는 권투 선수 최고령의 나이로 당시 WBA 챔피언 마이클 무어러Michael Moorer와 싸워 이기고 헤비급 챔피언을 따냈다.

더욱 놀라운 사실은 이 대결에서 포먼이 입은 트렁크가 바로 20년 전 알리에게 패배했을 때 입었던 바로 그 트렁크였다는 점이다. 포먼은 당시의 패배를 가슴에 새기고 20년 만에 설욕에 성공한 것이다. 이후 포먼은 CF스타이자 유명 방송인으로 거듭나며 더욱 화려한 인생을 살았다. 인생에서 잊지 못할 뼈아픈 실패를 잊지 않았기에 오히려 인생 역전의 발판을 만들 수 있었다.

그날 조지 포먼이 입은 트렁크가

바로 20년 전 알리에게 패배했을 때 입었던 트렁크였다.

패배는 중요하지 않다.

설욕할 수 있는가가 더 중요하다.

1974년, 한창 전성기의 젊은 조지 포먼(사진에서 오른쪽 인물)은 모두의 예상을 뒤엎고 32세의 알리에게 패배한다(상). 그러나 1994년, 조시 포먼은 45세라는 권투 선수 최고령의 나이로 당시 WBA 챔피언 마이클 무어러와 싸워 이기고 헤비급 챔피언을 따냈다(하).

사실 실패나 시행착오는 한 사람의 인생뿐만 아니라 기업의 흥망성쇠에도 너무나 중요한 자산이다. 그래서 세계적인 기업들은 실패의 중요성을 누구보다도 잘 알고 이를 직원들에게 늘 강조하고 있다.

"우리가 실수하지 않는다면 이는 우리가 충분히 노력하지 않고 있다는 뜻이다."

창사 131년 만에 최악의 위기에 빠진 코카콜라에 새로운 최고경영자로 취임한 제임스 퀸시James Quincey가 2017년 《월스트리트 저널Wall Street Journal》과의 인터뷰에서 한 말이다.[2] 한때 세계 음료 시장을 석권했던 코카콜라는 탄산음료가 비만과 당뇨의 주범으로 지목되면서 2017년 1분기 순이익이 전년도보다 20퍼센트나 급감한 상황이었다.

그런 위기 상황에서 퀸시가 강조한 것은 성공이 아니라 실패였다. 그는 코카콜라가 그동안 급변하는 환경에서 실패할 수 있는 과감한 도전을 피하고 브랜드를 지키는 데만 급급했다고 평가했다. 그러면서 실패에 대한 두려움이 무기력으로 이어지지 않도록 새로운 도전에 나서겠다고 강조했다.

코카콜라처럼 오랫동안 정상의 자리를 누리면서 매너리즘에 빠진 거대 기업이 한 차원 높은 추격자의 눈으로 전환하려면 모든 직원들에게 자주 도전하고 이를 통해 많은 실패와 시행착오를 경험할 기회를 제공해야 한다. 사실 아무리 끊임없이 시장을 관찰한다 해도 실제로 시행착오를 겪는 것보다 효과적인 방법은 없기 때문이다.

그래서 역전을 꿈꾸는 글로벌 기업들은 완벽한 제품으로 승부하려던 과거의 전략을 버리고 최소한의 기능만 가진 단순한 제품을 출시하고 소비자의 반응에 따라 업그레이드하는 전략을 쓰는 경우가 많다. 이런 지속적인 시행착오와 피드백이야말로 시장을 정확하게 파악할 수 있는 강력한 원동력이 된다.

구글이 독자적인 이메일 서비스인 지메일gmail을 출시할 때 바로 이 방법을 사용했다. 이미 이메일 시장이 포화 상태일 때 이메일 사업에 뛰어든 구글은 처음부터 완벽하고 다양한 기능을 가진 이메일 서비스를 선보이겠다는 생각을 버리고 단순한 제품을 빨리 그리고 자주 업데이트해서 끊임없이 개선해나가겠다는 전략을 세웠다.

이에 대해 투자 전략가인 살림 이스마일Salim Ismail은 "구글이 지메일을 출시할 때 모든 사람이 원하는 최선의 이메일 기능 25가지를 생각하는 대신, 기능이 세 개뿐인 단순한 이메일을 출시하고 고객들에게 어떤 기능을 더 원하는지에 대한 피드백을 얻어내 기능을 업그레이드한 제품을 빠르게 내놓았다"고 구글의 전략을 설명했다.[3]

이 같은 전략을 통해 구글은 시장의 니즈는 물론, 자신들의 실수나 단점을 신속하게 파악하고 이를 빠르게 개선해나갔다. 덕분에 한번 만든 이메일은 웬만하면 바꾸지 않는다는 이메일 시장의 속성에도 불구하고 후발 주자인 구글이 시장을 장악하는 놀라운 역전에 성공했다.

끝없이 도전하고 끊임없이 시행착오를 반복하는 것은 시장의 트렌드 변화를 읽는 추격자의 눈을 키우는 데 매우 결정적인 역할을 한다.

이것이 바로 세계에서 가장 혁신적인 디자인 회사 아이디오IDEO의 설립자인 데이비드 켈리David Kelley가 직원들에게 "성공하라"고 강요하는 대신 "더 일찍, 더 자주 실패하라"고 격려하는 이유다.

4차 산업혁명이라는 거대한 물결

앞서 소개했던 GM의 설립자 윌리엄 듀런트는 고등학교를 중퇴하고 일찌감치 할아버지가 하던 목재 사업에 뛰어들었다. 당시 미국에는 이민자들이 급증하면서 거주지가 빠르게 확장되고 있었기 때문에 마차 수요가 폭증하고 있었다. 이를 간파한 듀런트는 1886년 25세의 나이에 마차 회사를 설립했다. 그리고 지금의 자동차 딜러 시스템과 같은 판매망을 처음으로 고안해 서른 살도 되기 전에 미국의 마차 사업을 주도하며 큰돈을 벌었다.

듀런트가 마차 사업을 시작한 1886년 독일의 카를 벤츠Karl Friedrich Benz가 현대적 의미의 자동차를 발명했다. 하지만 당시 자동차는 기껏해야 시속 16킬로미터의 속도밖에 내지 못하는 데다 끊임없이 정비를 해야 하는 불편때문에 자동차가 마차를 대체할 것이라고 내다본 사람은 많지 않았다. 특히 마차 업계 경영진들은 자동차의 가능성을 완전히 무시하고 있었다.

마차 업계를 선도하던 젊은 사업가인 듀런트도 다른 마차 제조업자들과 마찬가지로 자동차에 전혀 관심을 기울이지 않았다. 하지만 1903년 데이비드 뷰익David Buick을 만난 이후 말 없는 마차, 즉 자동차가 가져올 세상의 변화를 직감하고 뷰익의 자동차 회사를 인수했다. 그리고 1908년에는 미국 최초의 자동차 회사인 올즈모빌Oldsmobile 등 여러 회사를 합병해 제너럴모터스를 만들었다.

만일 듀런트가 다른 마차 제조업자들처럼 세상의 변화를 보는 추격자의 눈을 가지고 있지 않았다면 100년 넘게 미국을 대표해온 자동차의 명가 GM은 탄생할 기회조차 없었을 것이다. 이처럼 세상의 거대한 트렌드를 읽는 추격자의 눈은 영원히 마차 업자로 남을지 아니면 미국 최고의 자동차 회사를 세울지를 좌우할 만큼 결정적이다. 트렌드를 읽고자 하는 욕망은 누구나 강하다. 역전을 꿈꾸는 이들이라면 더욱 절실할 것이다. 우리는 앞으로 어떤 흐름에 더욱 주목해야 할까.

2013년 나는 독일의 산업 현장 취재를 위해 건축자재 분야의 히든 챔피언Hidden Champion* 인 피셔Fischer사를 방문했다. 축구장 몇 개를 합쳐 놓은 크기의 공장에서는 수백 종류의 건축자재가 쏟아져 나오고 있었다.

그런데 피셔사의 공장은 평소에 보던 공장과는 너무나 달랐다. 생산 설비가 완전히 자동화되어 사무실에서 컴퓨터를 몇 번만 클릭하면 제품의 규격 변경은 물론 새로 개발한 제품을 생산하도록 전환할

---

* 대중에게 잘 알려져 있지 않지만 각 분야의 세계시장을 지배하는 우량 기업.

수 있었다. 더구나 새로 개발한 로봇은 자동으로 제품을 생산하고 분류한 다음 포장까지 마무리할 수 있었기 때문에 사람 손이 필요한 경우가 거의 없었다.

그래서인지 공장 안에서 사람을 찾아보기가 어려웠다. 내가 직원을 인터뷰하고 싶다고 요청하자 공장을 안내하던 임원은 직원을 찾기 위해 공장을 한참 뒤져야 했다. 완전히 자동화된 공장에서 직원이 하는 일이라고는 공장 설비와 로봇이 별 탈 없이 작동되고 있는지 확인하고, 문제가 생기면 대응하는 정도에 불과했다.

이것이 바로 독일이 제조업의 경쟁력 강화를 위해 '인더스트리 4.0'●을 추진한 이후 독일 공장들에서 일어난 극적인 변화다. 이제 생산직 직원들이 바쁘게 일하는, 우리가 알던 공장의 모습은 점점 사라지고 있다. 인공지능Artificial Intelligent, AI이 더욱 발달하고 자동화가 가속화되면 생산 라인에서 아예 사람을 볼 수 없을지도 모른다.

지금 세계경제는 4차 산업혁명의 중대한 변곡점에 서 있다. 이미 4차 산업혁명이 도래했다고 설파하는 클라우스 슈밥Klaus Schwab 세계경제포럼 회장은 인공지능과 사물인터넷Internet of Things, IOT 등의 기술을 통해 모든 것이 연결되는 '초연결 사회'가 탄생해 산업에 새로운 혁명을 일으킬 것이라고 확언하고 있다.

앞으로 인공지능과 로봇의 발전이 생산 라인에서 인간을 밀어내게

● 2012년부터 독일 정부가 제조업의 경쟁력 강화를 위해 추진하고 있는 핵심 미래 프로젝트. 센서, 로봇 산업, 혁신 제조 공정이 핵심이다.

126

쉴 새 없이 제품이 쏟아져 나오고 있지만 피셔사의 공장에서는 직원을 찾아보기 어렵다.

되면 인건비 때문에 후진국이나 개발도상국으로 빠져나갔던 공장이 다시 미국과 같은 선진국으로 돌아가는 리쇼어링Reshoring 현상이 가속화될 것이다. 그 결과 후진국은 물론 선진국으로 미처 도약하지 못한 신흥국들에게는 4차 산업혁명이 큰 재앙으로 다가올 수 있다.

이런 변화는 향후 소비 시장까지 뒤흔들어놓을 것이다. 4차 산업혁명이 본격화되면 그나마 양질의 정규직 직장을 제공하던 생산직이 크게 줄어들고 질 나쁜 임시직 서비스업이 늘어나게 된다. 그렇게 근로자들의 소득이 줄어들고 직장의 안정성이 약화되면 중산층이 축소되어 소비는 지속적으로 위축되거나 정체될 수밖에 없다.

4차 산업혁명 이후 또 다른 중대한 변화는 자원의 개념이 바뀌고 있다는 점이다. 구글은 돈 한 푼 받지 않고 '구글 포토스Google Photos'라는 무제한 사진 저장 서비스를 제공하고 있다. 이를 제공하기 위해 필요한 거대한 데이터센터는 그 운영에 상당한 비용이 들어가는데도 구글은 '공짜'로 이런 서비스를 제공하고 있는 것이다.

왜냐하면 앞으로는 데이터가 가장 값진 자원이 될 것이라고 확신하기 때문이다. 사진 저장 서비스를 제공하는 대신 구글은 이렇게 확보한 방대한 데이터를 기반으로 위치 서비스를 강화할 수도 있고 유동 인구를 파악해 마케팅에 활용할 수도 있다. 그밖에 아직은 상상하지 못하는 온갖 혁신적인 서비스를 개발할 수 있는 가능성도 무궁무진하다.

마지막으로 살펴봐야 할 것은 바로 제조업과 서비스업의 경계가 허물어지면서 온라인과 오프라인이 융합하는 'O2O Online to Offline'의 시대가 열리고 있다는 점이다. 온라인과 오프라인의 결합을 통해 배달 중개 업체인 '배달의 민족'이나 부동산 정보 플랫폼인 '직방' 같은 편리한 서비스가 탄생하고 있다.

O2O의 거대한 변화의 물결이 일어나면서 전통적인 제조업체도 물건을 팔고 끝나는 것이 아니라 그 뒤에 다양한 서비스를 결합해 새로운 부가가치를 창출하기 시작했다. 사물인터넷과 빅데이터, 그리고 인공지능이 융합되면서 새로운 기회가 끊임없이 창출될 것이다.

이처럼 4차 산업혁명은 우리의 산업구조와 경쟁 시스템을 송두리째 바꾸어놓고 있다. 자신의 기업이나 조직만은 4차 산업혁명에서 예외가 될 것이라고 믿는 것은 자동차 산업이 등장한 이후에도 마차 제조를 고집하는 것만큼이나 어리석은 일이다. 그러므로 진정한 추격자의 눈을 갖고자 한다면 4차 산업혁명이 가져올 혁명적인 변화를 끊임없이 관찰해야 한다.

·
·

4차 산업혁명 시대의 역전, 다시 사람이다

2016년 3월, 전 세계의 이목이 한국에서 열린 한 바둑 대결에 쏠렸다. 구글 딥마인드DeepMind가 개발한 인공지능 바둑 프로그램인 '알파고AlphaGo'와 이세돌 9단의 대결이었다. 이 승부에서 알파고가 4대 1로 승리하자 언젠가 기계가 인간을 완전히 대체할 수도 있겠다는 두려움이 커졌다.

실제로 4차 산업혁명이 본격화되면 산업구조가 송두리째 바뀌면서 수많은 직업이 인공지능과 로봇으로 대체되어 사라질 것이 분명하다. 하지만 로봇과 인공지능이 발달한다고 해도 인간이 하던 창조적인 역할까지 기계가 모두 대신할 수 있는 것은 아니다. 따라서 4차 산업혁명 시대에 많은 분야에서 로봇과 인공지능으로의 대체가 이루어지겠지만 다른 한편에서는 인공지능의 도움으로 인간의 능력이 더욱 확장될 것이다. 특히 뛰어난 아이디어를 가진 사람들에게는 4차 산업혁명이 새로운 기회를 제공해줄 수도 있다. 인공지능과 로봇을 활용해 자신의 잠재력을 최대한 끌어낸다면 인간의 한계가 끝도 없이 확장될 것이기 때문이다.

이렇게 단 한 사람의 능력만으로 거대한 변화를 이끌어낼 수 있게

4차 산업혁명 시대에 많은 분야에서
로봇과 인공지능으로의 대체가 일어날 것을
두려워할 필요는 없다.
오히려 로봇과 인공지능의 도움으로 인재 한 명의
가능성이 끝없이 확장될 것이다.
바야흐로 진정한 역전의 시대가 왔다.

2016년 3월, 알파고와 이세돌 9단의 대결은 4대 1로 알파고의 승리로 끝났다. 이세돌 9단이 알파고에 거둔 단 한 번의 승리는 인공지능에 대한 인간의 마지막 승리로 기록될지 모른다.

되면 인재 한 명의 중요성이 과거보다 훨씬 더 커질 것이다. 그 결과 4차 산업혁명 시대에는 그런 인재를 어떻게 확보하느냐와 함께 그들의 잠재력을 최대한 끌어낼 수 있는 동기부여 시스템이 한 조직의 역전에 결정적인 역할을 하게 될 것이다.

이처럼 인간의 한계가 무너지고 새로운 지평이 열리는 4차 산업혁명 시대에는 '문샷 싱킹Moonshot Thinking'의 필요성이 더욱 커질 것이다. 문샷 싱킹이란 달을 좀 더 잘 보기 위해 망원경의 성능을 높일 것이 아니라 아예 달 탐사선을 제작하겠다는 혁신적이고 도전적인 접근을 뜻한다. 세계적인 IT기업인 구글은 성능을 10퍼센트 향상시킬 것이 아니라 10배의 혁신에 도전하는 과감한 시도를 주장하며 문샷 싱킹을 강조해왔다. 4차 산업혁명으로 인간 능력의 한계가 끝없이 확장될수록 문샷 싱킹의 지평이 넓어지고 그런 모험을 시도하는 창의적인 인재들의 역할이 더욱 중요해질 것이다. 4차 산업혁명 시대에 달라질 사람의 역할과 가치를 깨닫고, 그 변화의 과정을 선도하는 조직만이 역전에 성공할 수 있을 것이다.

4

작게 시작해서
모두 차지하라

◆

우리는 흔히 세계적인 기업들은 처음부터 큰 시장을 개척하며 과감하게 사업을 확장해나갔을 것이라고 지레 짐작하는 경향이 있다. 하지만 세계적인 기업들 중에는 페이팔처럼 작은 시장에서 시작해 품질과 서비스를 개선한 다음 이를 토대로 신중하게 사업을 확장해나간 경우가 적지 않다. 즉 거대 자본 없이, 매스 마케팅 없이, 정확한 타깃팅을 통해 시장을 장악하거나 추격에 성공한 것이다.

"작게 시작해서 크게 성공하라."

— 프레드 드루카(Fred DeLuca),
서브웨이(SUBWAY) 공동 창업자

카피캣이 놓친 작은 시장부터 시작하라

2002년 나는 특집 다큐멘터리 〈중국, 기회인가? 수렁인가?〉를 제작하면서 중국에 진출했다가 실패한 기업들을 찾아가 인터뷰를 했다. 그런데 실패한 기업들에는 한결같은 공통점이 있었다. 바로 중국이라는 넓은 시장에 남보다 한발이라도 먼저 진출하기만 하면 큰 성공을 거둘 수 있다는 막연한 기대에 사로잡혀 있었다는 점이었다.

당시 중국 진출 러시가 이루어지면서 우리 기업들 사이에는 젓가락 하나만 팔아도 중국에서는 13억 개를 팔 수 있다는 말이 유행할 정도로 중국이라는 큰 시장에 대한 과도한 기대가 있었다. 하지만 중국이라는 큰 시장을 탐내는 것은 우리 기업들뿐만이 아니라 세계 유수의 글로벌 기업들도 마찬가지였다는 점은 간과되었다.

중국은 분명히 큰 시장이지만 대신 조그만 실패만으로도 곧바로 퇴출될 만큼 세계에서 몰려온 수많은 기업의 치열한 각축장이었다. 그래서 경쟁력이 떨어지거나 준비가 덜 된 기업들은 예외 없이 패배의 쓴잔을 마시고 소수의 기업만이 살아남았다.

거대한 시장은 분명 놀라운 기회를 제공하지만 그만큼 경쟁이 치열하고 위험하다. 특히 아무리 뛰어난 기업이라도 창업 직후에는 경쟁에 취약하고 작은 충격에도 기업이 통째로 흔들릴 수 있기 때문에 경쟁이 치열한 '큰 시장'에서 시작한다고 꼭 유리한 것은 아니다.

오히려 작은 시장을 노리고 창업해 그 시장을 독점하는 것이 더욱 효율적인 전략일 수 있다. 초기에 자신만의 작은 시장을 만들어 완전히 장악하면 독점 또는 과점에 따른 초과 이윤을 누릴 수 있기 때문에 안정적인 현금 흐름을 유지하면서 기술력과 사업 경험을 축적하고 유통망을 확보할 시간을 벌 수 있게 된다.

실제로 세계적인 기업 중에도 처음부터 거대한 시장을 노리고 시작한 기업보다 작은 시장을 독차지하고 이를 발판으로 점차 넓은 시장을 향해 발돋움해나간 경우가 적지 않다.

세계적인 기업으로 성장한 지금의 스타벅스Starbucks를 보고 상상하기는 어렵지만 사실 스타벅스는 작은 시장으로 시작한 대표적인 기업이다. 스타벅스가 등장하기 전까지 미국에서 에스프레소 바(카페)에 모여 커피를 마시며 수다를 떠는 것은 흔한 문화가 아니었다. 대중 레스토랑에서 커피를 팔기는 했지만 커피 자체를 즐기기 위한 것은 아니었다.

1971년 시애틀에서 처음 개점한 스타벅스도 당시에는 지금과 같이 커피 음료를 파는 매장이 아니라 커피 원두를 파는 소매점이었다. 그런데 1983년 마케팅 담당자로 스타벅스에 합류한 하워드 슐

스타벅스는 작게 시작해 크게 성공한 대표적 기업이다.
당시 카페 문화가 없던 미국에서 커피를 파는 시장은
매우 작았기 때문에 성공 가능성도 낮아 보였지만
동시에 경쟁자도 없었다.

미국 시애틀 파이크 플레이스 마켓에 있는 스타벅스 1호점(하)
에는 이곳에서만 파는 스타벅스 초기 로고가 담긴 텀블러나 컵
(상)을 사려는 사람들로 항상 북적인다.

츠Howard Schultz가 이탈리아 밀라노에 출장을 갔다가 길가에 있는 에스프레소 바에서 담소를 나누며 커피를 즐기는 이탈리아인들을 보고 흥미를 느꼈다.

그는 미국으로 돌아오자마자 스타벅스 공동 창업자들에게 커피 원두만 팔 게 아니라 이탈리아처럼 커피 음료를 파는 카페를 만들자고 끈질기게 설득하기 시작했다. 하지만 그 성공을 미심쩍어한 창업자들이 끝내 커피 원두만 팔겠다고 고집하자 실망한 슐츠는 스타벅스를 뛰쳐나가 자신만의 에스프레소 바를 만들었다.

처음에는 생소한 에스프레소 바를 찾는 사람들이 없었지만 점차 입소문이 나면서 찾는 사람들이 늘어나기 시작했다. 사업이 어느 정도 자리를 잡기 시작할 무렵 스타벅스 창업자들이 스타벅스를 매각한다는 소식이 들려오자 스타벅스에 애착이 있던 슐츠가 이를 재빨리 인수하고 자신의 에스프레소 바 이름을 스타벅스로 바꾸었다.

슐츠가 처음 에스프레소 바를 만든다고 했을 때 주변 사람들의 반응은 스타벅스 창업자들처럼 냉소적이었다. 원두를 사다가 집에서 커피를 내려 마시면 고작 20~30센트면 되는데 누가 1달러 50센트(약 1700원)나 주고 커피를 사 마시겠느냐며, 다들 에스프레소 바 사업이 실패할 거라고 예상했다.

하지만 카페 문화가 없는 미국에서 원두가 아닌 커피 음료를 파는 시장은 매우 작았기 때문에 한편으론 경쟁자도 거의 없었다. 덕분에 스타벅스와 같은 작은 신생 업체가 그 시장을 독점하다시피 장악할 수 있었다.

마침 음주운전 단속과 처벌이 강화되면서 바에서 술을 즐기고 사교 생활을 하던 기존의 문화가 위축되고 에스프레소 바가 새로운 만남의 장소로 떠올랐다. 거기에 유럽식 문화에 대한 흥미와 신선함이 사람들을 사로잡기 시작하면서 스타벅스는 무서운 속도로 성장할 수 있었다.

스타벅스 이후에 에스프레소 바 시장이 크게 성장하자 많은 기업들이 차례로 진출하기 시작했다. 하지만 스타벅스가 시장의 상당 부분을 이미 선점해버린 탓에 뒤늦게 시장에 진출한 업체들은 힘겹게 경쟁을 해야 했다.

이미 스타벅스가 지배하고 있는 시장에 스타벅스와 같은 방식으로 진출하면 기존의 시장 지배자인 스타벅스를 제치기가 쉽지 않을 것이다. 하지만 생각을 조금만 바꾸어 자신만의 차별화된 접근 방식을 찾아낸다면 에스프레소 바 시장과 같이 이미 세계적인 강자가 선점해버린 시장에서도 얼마든지 경쟁자가 없는 자신만의 작은 시장을 찾아낼 수 있다.

그 대표적인 기업 중에 하나가 중국 에스프레소 바 시장의 치열한 경쟁 속에서 살아남아 시장을 확대해가고 있는 만커피Maan Coffee다. 스타벅스가 중국에 처음 진출할 때만 해도 중국은 수천 년의 차 문화를 가지고 있기 때문에 커피를 내세운 스타벅스가 결코 성공하지 못할 것이라는 전망이 지배적이었다.

중국 에스프레소 바 시장의 치열한 경쟁 속에서 자신만의 차별화를 통해 시장을 확대해나가고 있는 만커피. 스타벅스와 달리 간격이 넓고 고급스러운 매장을 자랑한다.

하지만 예상과 달리 스타벅스가 중국에서 큰 성공을 거두자 중국 시장의 가능성을 깨닫고 중국 업체들은 물론 카페베네 같은 우리 업체들도 앞 다투어 시장에 진출했다. 그러나 스타벅스를 그대로 따라 했던 중국과 우리 업체들은 대부분 참담한 실패를 맛보아야 했다.

이에 비해 한국인 사장이 설립한 만커피는 스타벅스나 이를 그대로 모방한 수많은 '카피캣Copycat'들이 놓친 시장을 찾아내 차별화하고 큰 성공을 거두었다. 좁은 공간에 불편한 의자를 빼곡히 배치한 스타벅스와 달리 만커피는 편안한 공간을 추구하는 중국인들의 취향에 맞추어 매장을 과하다 싶을 만큼 여유 있고 럭셔리한 공간으로 꾸몄다.

심플하고 모던한 스타벅스와 달리 화려함을 추구하는 중국인들을 겨냥해 인테리어에 많은 돈을 투자했고 대규모 모임이 많은 중국인들의 문화에 맞추어 대형 테이블을 배치했다. 만커피는 이 같은 차별화된 접근을 통해 자신만의 작은 시장을 찾아내고 그 시장을 독차지하다시피 하면서 다른 커피 전문점들을 따돌리고 성공적으로 매장을 확대해나가고 있다.

모두가 탐내는 큰 시장에서는 그만큼 치열한 경쟁이 벌어진다. 따라서 남들과 차별화되는 나만의 색깔 없이 경쟁에 뛰어들면 결국 가격 경쟁에 내몰리게 되고 어떤 초과 이윤도 기대하기 어렵게 된다. 이에 비해 작은 시장을 선점하고 이를 기반으로 빠르게 사업을 확장해나간다면 거대한 시장에서도 놀라운 추격과 역전의 기회를 잡을 수 있을 것이다.

나만의 작은 시장을 찾는 기술

작게 시작해서 모두 차지하기 위해서는 우선 나만의 작은 시장을 찾아내야 한다. 그러려면 기존의 시장 지배자들이 놓치고 있는 시장의 미세한 변화들을 먼저 알아채고 이를 파고들어야 한다. 그 대표적인 사례 중에 하나가 바로 일본에서 유행하는 독특한 개념의 음식점인 오레노俺の 주식회사다.

일본에서 장기 불황이 계속되자 전반적으로 모든 소비가 줄어들 것이라는 전망이 우세했지만 예상과 달리 다른 소비는 줄이더라도 자기가 만족하는 곳에 돈을 몰아 쓰는 경향이 나타났다. 경기 불황에 따른 좌절 속에서 행복을 찾는 나름의 지혜였던 셈이다. 그러나 자기가 좋아하는 것에 돈을 몰아 쓴다고 해도 장기 불황으로 가뜩이나 소득이 줄어든 서민들이 값비싼 프랑스 요리나 일본의 정찬 요리를 즐기는 것은 쉬운 일이 아니었다. 사카모토 다카시坂本孝 사장은 바로 여기서 자신만의 작은 시장을 찾아냈다. 그는 줄어든 소득에도 고급 요리를 즐기고 싶어하는 사람들을 위해 최고급 요리를 싼값에 제공하는 오레노 레스토랑을 창업했다.

사카모토 사장은 2011년 '오레노 이탈리안'을 시작으로 '오레노 프렌치', '오레노 갓포(일본 음식)' 등을 열고 기존 고급 레스토랑의 절반도 안 될 정도로 음식 값을 파격적으로 낮추었다. 하지만 음식의 질을 희생하지 않기 위해 최고의 요리사들을 초빙하고 음식 값에서 재료비가 차지하는 비중을 80퍼센트까지 높였다(일반 레스토랑은 재료비의 비중이 20~30퍼센트에 불과하다).

그 대신 테이블을 빼곡히 배치해 단위 면적당 테이블 개수를 크게 늘렸다. 또 음식을 빠르게 제공하고 좁은 자리에서 불편하게 먹게 함으로써 테이블 회전율을 세 배로 높여 충분한 이익을 확보했다. 이 같은 오레노 주식회사의 전략은 장기 불황 이후 달라진 일본 소비자들의 새로운 니즈와 맞아떨어지면서 큰 성공을 거두었다.

사실 오레노 주식회사를 설립한 사카모토 다카시는 일본에서 선풍적인 인기를 끌었던 중고 책방 '북오프Book-off'의 설립자로도 유명하다. 사카모토는 1990년대 일본의 버블 경제가 붕괴되자 소득 감소로 인해 새 책보다 헌책이 인기를 끌 것이라고 판단하고 중고 책 사업에 뛰

일본에서 장기 불황이 계속되자 전반적인 소비는 줄이는 대신
자기가 만족하는 곳에 돈을 몰아 쓰는 경향이 나타났다.
사카모토 다카시는 여기서 작은 시장을 찾아냈다.
최고급 요리를 싼값에 파는 오레노 레스토랑의 시작이었다.

사카모토 사장은 줄어든 소득에도 고급 요리를 즐기고 싶어하는 사람들을 위해 최고급 요리를 싼값
에 즐길 수 있는 오레노 레스토랑을 창업했다.

어들었다. 하지만 당시 일본에는 포화 상태에 이를 정도로 이미 수많은 중고 책방이 가격 경쟁을 벌이고 있었기 때문에 새로운 시장을 찾아내는 것은 거의 불가능해 보였다. 이런 상황에서 사카모토가 택한 방식은 기존 중고 서점을 철저히 분석해 그들이 놓치고 있던 것을 찾아내 차별화하는 것이었다.

당시 중고 책방은 허름하고 지저분한 데다가 퀴퀴한 냄새가 나는 책들을 팔고 있었다. 그래서 사카모토 사장은 기존 중고 책방과 달리 북오프의 매장 인테리어를 새 책을 파는 서점처럼 밝고 세련되게 꾸몄다. 그리고 자체 제작한 연마기로 헌책의 표지를 깨끗이 다듬고 헌책 냄새를 없애 거의 새 책처럼 만들었다.

기존의 헌책방을 뛰어넘는 새로운 서비스를 제공하는 북오프는 등장하자마자 선풍적인 인기를 끌어 일본 내 매장 개수가 무려 1000개를 돌파했고 같은 콘셉트로 미국과 프랑스, 캐나다 등 세계로 진출해 큰 호응을 얻었다. 그 결과 2015년에는 매출액이 우리 돈으로 8000억 원에 육박할 정도로 큰 성공을 거두었다.

하지만 2006년 한국 시장에 진출했던 북오프는 참담한 실패를 경험해야 했다. 오랜 불황으로 중고 책 시장이 크게 활성화되었던 일본과 달리 우리 한국에서는 중고 책 시장 자체가 성숙되지 않았기 때문이었다. 결국 북오프는 한국 시장에 진출한 지 8년 만에 철수를 선언했다. 아무리 시대를 앞선 획기적인 아이디어라고 해도 '시장의 변화'와 함께하지 않는다면 소용이 없다는 것을 여실히 보여준 셈이다.

만일 사카모토 사장이 기존의 중고 책방과의 차별화에 성공하지 못했다면 경쟁자가 넘쳐나던 중고 책방 시장에서 그저 그런 영세 사업자에 머물렀을 것이다. 하지만 기존의 사업자들이 놓치고 있었던 자신만의 작은 시장을 찾아내 소비자들에게도 새로운 선택의 기회를 주었고 이를 통해 기존의 중고 책방을 따돌리는 놀라운 역전에 성공할 수 있었다.

사카모토 사장처럼 시장의 변화를 남보다 먼저 읽고 새로운 혁신을 통해 자신만의 영업 노하우와 원가 경쟁력, 그리고 개성과 브랜드 가치를 확립할 수 있다면 첨단 산업만이 아니라 일상적인 밥집, 책방, 옷가게에서도 얼마든지 자신만의 시장을 찾아내 기존 업체를 누르고 시장을 장악하는 놀라운 역전을 이룰 수 있을 것이다.

작은 시장을 독점하는 기술 1 : 더 작게 더 빠르게

최근 세계인들의 뜨거운 관심을 모으며 가장 빠르게 성장하는 분야 중 하나가 바로 무인 항공기, 드론Drone 산업이다. 그런데 차세대 산업인 드론 시장을 장악하고 있는 기업은 미국도 일본도 아닌 DJIDJI Technology Co.Ltd라는 중국 기업이다.

2005년 홍콩 과학기술대학교 학생이었던 왕타오汪滔는 어렸을 때부터 원격조종 항공기에 푹 빠져 있었다. 그래서 대학 졸업 과제도 원격

왕타오는 더 작게, 그리고 확실하게 진입하기로 했다.
그는 영상촬영 시장을 노리고
방송 제작자들에게 무료로 드론을 뿌리기 시작했다.
현재 DJI는 전 세계 드론 시장의 70퍼센트를 장악했다.

DJI의 중국 이름 '따지앙촹신(大疆创新)'은 '거대한 프런티어로 새로운
것을 창조한다'는 원대한 꿈을 담고 있다.

조종 항공기를 선택했다. 하지만 그가 만든 원격조종 항공기가 시연할 때마다 추락하는 바람에 그는 간신히 졸업 과제를 제출했다.

이후 의기소침해 있던 왕타오는 홍콩 과기대 리저샹李澤湘 교수를 만나면서 극적인 반전을 맞이했다. 왕타오의 가능성을 높이 평가한 리 교수는 대학원 입학을 권유함과 동시에 개발 자금까지 지원했다.

이렇게 다시 안정적으로 원격조종 항공기를 개발할 수 있게 된 왕타오는 2006년 대학 기숙사에서 친구들과 함께 드론 산업의 신화가 된 DJI를 창업하고 창업 5년 만인 2011년 첫 시제품인 팬텀을 만들었다. 팬텀은 카메라를 붙이고 공중에 띄우면 헬기에서 촬영한 것과 같은 항공촬영 영상을 보내오는 놀라운 제품이었다. 게다가 저공비행은 물론 건물 틈새로도 비행이 가능했기 때문에 헬기로 찍기 힘든 다양한 화면을 담을 수 있었다.

사실 드론이 등장하기 전까지 항공촬영은 매우 비용이 많이 들고 시간이 오래 걸리는 일이었다. 방송국에서 일하는 나도 가끔 헬기를 이용해 항공촬영을 하려면 사전에 예약을 해야 하고 김포공항까지 가서 헬기를 타야 했다. 더구나 기상이 악화되거나 헬기 정비 기간이 겹치면 예정된 때에 항공촬영을 하지 못하는 경우도 많았다.

왕타오는 방송국이나 영화계 사람들이 드론 촬영을 한 번 경험하면 모두 그 매력에 빠져들 수밖에 없을 것이라고 생각했다. 그래서 당시만 해도 소비층이 한정적이었던 드론 시장에서 오히려 더 특정 분야부터 집중 공략해가는 전략을 택했다. 더 작게, 그리고 확실하게 시작하기로 했던 것이다. 그는 다양한 소비자 드론 시장 중에 영상촬영 드론 시장을 노리고 미국의 유명 감독과 방송 제작자들에게 팬텀을 무료로 뿌렸다.

10여 분이면 항공촬영을 끝내고 곧바로 영상을 확인할 수 있는 촬영용 드론은 할리우드 제작자들에게 큰 인기를 끌었다. 미국의 내로라하는 촬영감독들이 DJI 드론으로 촬영을 하기 시작했다. 할리우드 촬영감독들이 사용하는 것을 보고 다른 나라 방송국이나 영화제작자들은 물론 일반인들까지 드론을 사기 시작했다.

규모가 작은 시장이라고 해도 처음부터 그 시장 전체를 노리는 것보다는 특정 타깃을 잡아 더 작게 시작하는 것이 유리한 경우가 많다. 전문가 그룹처럼 시장을 선도하는 그룹이나 특정 선호도를 지닌 그룹을 집중적으로 공략하면 마케팅 비용을 줄일 수 있을 뿐만 아니라 이를 기반으로 더 빨리 시장을 장악할 수 있기 때문이다.

이런 전략에 더해 DJI는 엄청난 속도로 새로운 모델을 출시했다. 2017년 현재 팬텀 시리즈는 4까지 출시되었고 항공촬영 전용 모델인 인스파이어 시리즈뿐만 아니라 접이식 드론인 매빅과 저가의 보급형 스파크까지 DJI는 첫 시제품이 나온 지 단 5년 만에 10여 가지 제품들을 쏟아냈다. 그야말로 새 제품이 나오기까지 6개월도 채 걸리지 않은 것이다.

이 같은 제품 출시 속도는 작은 시장에 진출한 초기, 시장 선점에 매우 중요한 요소다. 작은 시장에서는 소비자와의 피드백이 훨씬 활발하기 때문에 이를 통해 빠르게 제품 성능을 개선해야 경쟁 업체에 비해 쉽게 우위를 점할 수 있다. 상업용 드론 시장에서 그나마 DJI와 경쟁했던 3D 로보틱스는 DJI의 속도에 밀려 결국 상업용 드론 시장을 포기해야 했다.

이처럼 더 작게 더 빠르게 작은 시장을 공략해나갔던 DJI는 2012년 이후 단 5년 만에 매출액이 100배 이상 늘어나는 성장세를 보이며 전 세계 드론 시장의 70퍼센트를 차지하는 놀라운 기업이 되었다. DJI는 초기에 작은 시장을 어떻게 장악하고 이를 어떻게 확장해나가야 하는지를 보여주는 가장 상징적인 기업이 되었다.

작은 시장을 독점하는 기술 2 : 다르게, 보다 실용적으로

작은 시장을 노릴 때는 기존 제품이나 서비스가 놓친 부분을 찾아내 이를 파고드는 차별화가 필요하다. 이를 위해 앞서 소개한 DJI처럼 시대를 앞서가는 혁신 기술을 갖고 있다면 더할 나위 없겠지만, 사실 시장의 모든 플레이어가 그런 독보적인 기술을 갖기는 어려운 일이다.

다행히도 최고의 혁신 기술을 갖고 있지 않더라도 자신만의 품질이나 독특한 개성을 부각시킨다면 얼마든지 차별화를 통해 작은 시장을 찾아내고 이를 독차지하여 큰 이득을 누릴 수 있다. 그 대표적인 기업이 바로 호주의 친환경 화장품 회사 이솝Aesop이다.

1980년대 후반 호주의 미용사였던 데니스 파피티스Dennis Paphitis는 화학약품이 가득 들어간 기존의 모발용품에 불만을 갖고 식물성 원료를 첨가한 자신만의 제품을 만들기 시작했다. 이를 체험해본 미용실 고객들의 호평이 이어지자 그는 아예 미용실에서 나와 친환경 화장품 회사인 이솝을 세웠다.

이솝은 '혁신적인 제품보다 오랜 연구로 기초가 탄탄한 제품을 만든다'는 브랜드 철학을 바탕으로 자연 친화적인 제품을 내놓기 시작했다. 실제로 이솝은 실험적 단계의 획기적인 성분을 사용하기보다 이미 효능이 입증된 확실한 식물성 추출물을 활용했다. 그리고 화려한 용기를 사용한 다른 화장품들과 달리 간결하고 실용적인 친환경 포장으로 자연 친화적인 브랜드 철학을 구현하고 있다.

이솝이 자연 친화적 화장품의 선두 주자가 아님에도 사랑받게 되었던 차별화 요인은 바로 매장에 있었다. 이솝은 30년 동안 전 세계에 매장을 열면서 지점마다 각기 다른 분위기를 연출했다. 이는 이솝을 그 지역의 분위기에 맞춤으로써 조화로운 환경을 만들고자 하는 철학을 반영한 것이었다. 해당 지역의 재능 있는 건축가들과의 협업을 통해 매장을 단순히 화장품만 판매하는 곳이 아니라 풍부한 상상력이 넘쳐나는 예술적인 공간으로 꾸몄다. 뛰어난 품질에 더해 이 같은 차별화 전략으로 이솝은 친환경 화장품 시장에서 빠르게 확장해나갔다.

일본의 가전 회사인 발뮤다Balmuda도 차별화를 통해 자신만의 작은 시장을 찾아낸 대표적인 기업이다. 발뮤다를 설립한 테라오 젠寺尾玄 사장은 열일곱 살에 고등학교를 중퇴하고 록밴드 생활을 했다. 록밴드 활동만으로는 생활비가 부족했던 테라오 사장은 가끔씩 중소기업에 취직해 생산직으로 일했다. 그러나 록밴드 생활 10년 만에 자신이 속한 연예기획사의 재정이 악화되면서 연예인의 꿈이 무너지고 그의 인생은 기로에 서게 되었다.

그 무렵 테라오 사장은 디자인 잡지에 실린 애플사의 제품을 보고 큰 영감을 받아 2003년 멋진 디자인과 완성도 높은 마무리를 중시하는 가전 회사 발뮤다를 설립했다. 그는 제품 기획부터 설계와 생산 관리까지 모든 일을 혼자 해내며 첫 제품으로 노트북컴퓨터 거치대와 조명 스탠드를 내놓았다. 하지만 노트북 거치대 하나에 30만 원이 넘을 정도로 고가여서 그다지 인기를 끌지는 못했다.

누적된 적자로 사업을 접어야 할지 말아야 할지 고민하던 테라오 사장은 2009년 선풍기 시장에 진출하기로 했다. 당시 선풍기 시장은 극심한 가격 경쟁이 벌어지던 대표적인 레드오션이었다. 선풍기를 만드는 대기업들은 차별화된 제품을 만들 생각은 하지 않고 오직 누가 더 싸고 실용적인 제품을 만드느냐에 열중하고 있었다.

하지만 당시 시중에서 팔리던 선풍기는 모두 소용돌이 모양으로 바람이 생기기 때문에 피부에 자극이 심하고 오래 쐬면 머리가 아픈 경우가 많았다. 테라오 사장은 바로 이 점을 파고들어 '다음 시대의 선풍기를 만들자!'는 생각으로 그린팬Greenfan이라는 새로운 개념의 선풍기를 만들었다. 먼저 이중 구조의 날개로 중앙과 외곽의 풍속을 다르게 함으로써 소용돌이 바람을 없앴다. 그리고 선풍기에서 나오는 바람이 벽에 부딪혔다 돌아오게 만들어 창문으로 들어오는 자연 바람을 재연했다.

또한 기존의 교류 모터가 아닌 직류 모터를 사용해 전력 소비를 최고 10분의 1까지 줄였다. 발뮤다 특유의 미려한 디자인과 높은 완성도는 제품의 매력을 더욱 높였다. 이런 차별화 덕분에 그린팬은 30~50만 원에 이르는 높은 가격에도 불구하고 '고가 선풍기 시장'을 새로 만들어내며 대성공을 거두고 있다.

이솝과 발뮤다의 사례에서 보았듯이 나만의 작은 시장을 공략하기 위해서는 무엇보다 자신의 제품이나 서비스를 기존과 다르게 차별화해야 한다. 그런 차별화에 성공한다면 기존 시장에서 얼마든지 새로운 시장을 창출할 수 있을 것이다. 이를 통해 시장을 독차지한다면 더 큰 성장을 위한 안정적인 수익원을 확보할 수 있을 것이다.

시작은 과감하게, 확장은 신중하게

1998년 인터넷 결제 서비스인 페이팔PayPal이 등장하기 전만 해도 미국에서 보편적인 결제 수단은 수표책Checkbook이었다. 은행에서 산 수표책에 금액을 쓰고 서명을 해서 지급하면 거래 은행에서 돈을 주는 방식이었다. 정보통신 혁명을 주도했던 미국답지 않게 지급 결제 시스템은 여전히 아날로그 방식에 머물러 있었다.

이런 상황에서 등장한 페이팔의 인터넷 결제 시스템은 시대를 너무 앞서갔기 때문에 일반인들에게 다가가기가 쉽지 않았다. 그래서 페이팔은 처음부터 일반 대중이라는 큰 시장을 공략하기보다 인터넷에 친숙하고 파급력이 큰 사람들을 물색했다. 바로 온라인 경매 회사 이베이ebay의 우수 판매자인 파워 셀러부터 집중적으로 공략했던 것이다.[1]

일반 대중을 공략하려면 엄청난 마케팅 비용이 필요하지만 파워 셀러만 노리면 보다 적은 비용으로 페이팔 결제 시스템을 홍보할 수 있다는 점을 간파한 것이다. 페이팔은 파워 셀러들을 상대로 집중적인 홍보 활동을 벌이며, 그들의 요구 사항을 자신들의 결제 시스템에 적극적으로 반영했다.

그 결과 이베이의 파워 셀러들은 안전하고 편리한 페이팔의 장점을 빠르게 이해하고, 하나둘 페이팔을 사용하기 시작했다. 이렇게 페이팔이 파워 셀러 시장을 거의 독차지하기 시작하자 파워 셀러들은 자연스럽게 자신들이 판 물건에 대해 구매자들에게 페이팔로 결제해줄 것을 요구하게 되었고, 이런 과정을 통해 페이팔 결제 시스템은 일반 대중에게 급속도로 파고들었다.

얼핏 생각하면 다른 인터넷 결제 서비스가 등장하기 전이니 대중을 상대로 대대적인 마케팅을 하면 시장 전체를 장악할 수 있을 것이라고 판단할 수도 있다. 하지만 처음부터 인터넷 결제 시스템에 익숙하지 않은 일반 대중을 상대로 시장을 개척하려면 막대한 마케팅 비용이 들어간다. 더구나 결제 시스템 출시 초기에는 크고 작은 하자가 있기 마련인데, 자칫 대중이 이 같은 하자에 실망하고 돌아설 경우 이를 회복하기까지 많은 시간과 비용이 필요하다. 불확실성이 큰 초기 단계에 무리한 확장을 했다가 실패하면 회복할 수 없는 타격을 입을 수도 있다.

페이팔의 공동 창업자인 피터 틸Peter Thiel은 2015년 서울 연세대 초청 강연회에서 "신속하게 사업화할 수 있는 작은 틈새시장을 집중 공략하고 독점력을 얻은 것이 페이팔의 가장 중요한 성공 요인"이라고 강조한 바 있다.

우리는 흔히 세계적인 기업들은 처음부터 큰 시장을 개척하며 과감하게 사업을 확장해나갔을 것이라고 지레 짐작하는 경향이 있다. 하지만 세계적인 기업들 중에는 페이팔처럼 작은 시장에서 시작해 품질과 서비스를 개선한 다음 이를 토대로 신중하게 사업을 확장해나간 경우가 적지 않다. 즉 거대 자본 없이, 매스 마케팅 없이, 정확한 타깃팅을 통해 시장을 장악하거나 추격에 성공한 것이다.

나이키의 공동 창업자 빌 바우어만Bill Bowerman과 필 나이트Phil Knight는 1964년 1000달러(약 110만 원)의 자본금으로 나이키의 전신인 블루 리본 스포츠Blue Ribbon Sports를 설립했다. 그리고 첫 사업으로 일본에서 수입한 고품질 운동화 200켤레를 자동차 트렁크에 싣고 육상선수들에게 직접 팔러 다녔다. 1965년에는 일본의 고품질 운동화를 페이팔의 공동 창업자 피터 틸은 말한다.
"신속하게 사업화할 수 있는 작은 틈새시장을
집중 공략하고 독점력을 얻은 것이
가장 중요한 성공 요인이다."

인터넷 결제 서비스인 페이팔은 아날로그 방식에 머물러 있던 미국의 결제 시스템을 혁신적으로 끌어올렸다.

분석해 비슷한 품질의 운동화를 만들어낸 다음 일반 소비자가 아닌 육상 선수들을 중심으로 판매를 확대해나갔다. 운동화가 육상 선수들의 호평을 받기 시작하자 1966년에 직영 판매점을 만들고 일반인을 대상으로 본격적인 판매를 시작했다.

재미있게도 필 나이트는 1969년까지 본업인 회계사 일을 계속하면서 포틀랜드 주립대에서 강의까지 했고 빌 바우어만 역시 사업이 본궤도에 오른 이후에도 자신의 본업인 육상 코치 일을 그만두지 않았다. 그들은 성공을 좇아 무모한 도전에 나서기보다 자신들의 본업을 유지하면서 '소심하게' 사업을 확장해나갔다.

사업 초기 단계에는 무조건 저돌적으로 도전하기보다 자신만의 작은 시장을 확고히 다지면서 조심스럽게 사업을 확장해나가는 것이 좋다. 물러설 곳이 있어야 더욱 안정적으로 도전할 수 있고 일단 생존해야 성공할 기회가 찾아오기 때문이다.

와튼 스쿨의 최연소 종신교수인 애덤 그랜트Adam M. Grant는 위대한 창업자들은 확신에 차서 위험을 감수하는 무모한 도전가가 아니라 돌다리도 두드려보고 건너는 소심한 사람들이었다고 강조한다.[2] 새로운 사업을 구상할 때는 누구보다도 과감해야 하지만 실제로 사업을 실행에 옮기고 한 단계씩 확장해나가는 추격자의 입장에서는 '소심함'이 때로 더 강력한 전략이 되기도 한다.

확장의 소용돌이를 만드는 기술

아마존Amazon의 설립자 제프 베저스Jeff Bezos는 헤지펀드 회사에서 금융 분석가로 일하다가 1994년 인터넷의 무한한 가능성을 직감하고 회사를 뛰쳐나와 단돈 300달러(약 33만 원)의 자본금으로 인터넷 상거래 전문 회사인 아마존을 창업했다.

베저스는 책이야말로 전자상거래에 가장 적합한 품목이라 생각하고 책 하나에만 집중하기로 했다. 기존 동네 서점은 재고 부담 때문에 다양한 책을 구비할 수 없지만 인터넷 서점은 얼마든지 다양한 책을 팔 수 있었다. 게다가 책은 형태가 똑같아서 배송이 쉽고 배송비도 저렴했다.

이렇게 아마존은 책 하나에만 집중했기 때문에 인터넷 도서 판매에 대한 노하우를 빠르게 축적할 수 있었다. 아마존은 점차 인터넷 도서 판매 시장을 독차지하다시피 하면서 인터넷 서점의 대명사가 되었고 1997년에 주당 18달러로 나스닥에 상장되면서 시장에 큰 화제를 불러 모았다.

아마존은 주식 공개를 통해 사업을 확장할 자금을 확보한 뒤에야 1998년 음반 판매 서비스를 시작으로 DVD는 물론, 애완동물 관련 사업까지 다양한 시장으로 빠르게 확장해나갔다. 다른 분야로 시장을 확장해나갈 때는 도서 판매에서 얻은 각종 노하우와 브랜드 이미

거대한 기업으로 성장한 아마존도

처음에는 인터넷 서점이라는 자신만의 작은 시장을 찾고

이를 통해 '확장의 소용돌이'를 만들어왔다.

아마존의 설립자 제프 베저스. 그는 책 하나에서 시작하여 이제는 우주 개발에까지 사업을 확장하
고 있다.

지를 철저하게 활용했다.

그 결과 베저스가 단돈 300달러에 창업한 아마존은 23년 만에 시가 총액이 4800억 달러(2017년 6월 기준으로 약 540조 원)에 달하는 세계에서 시가총액이 다섯 번째로 큰 기업으로 성장했다. 베저스의 재산은 756억 달러(약 84조 원)로 세계적인 투자자인 워런 버핏Warren Buffett을 제치고 빌 게이츠에 이어 세계에서 두 번째 부자가 되었다.

이제 아마존은 온라인 유통을 지배하는 것은 물론 클라우드 컴퓨팅, 드론 무인 택배, 인공지능 음성 비서 '알렉사Alexa', 무인점포 아마존고Amazon Go, 우주 개발에까지 나서고 있다. 그야말로 모든 첨단 산업에 도전하는 하나의 제국을 건설한 셈이다.

이처럼 거대한 기업으로 성장한 아마존도 처음에는 인터넷 서점이라는 자신만의 작은 시장을 찾아내고 이를 통해 '확장의 소용돌이'를 만들어왔다는 점을 명심해야 한다. 처음부터 전체 시장을 노리고 전력을 분산하기보다 자신이 가장 잘 아는 시장부터 완전히 자기 것으로 만드는 것이 중요하다. 그리고 이렇게 얻은 유무형의 자산을 원동력으로 확장의 소용돌이를 만들어야 한다.

우리는 한 분야에서 놀라운 성과를 냈던 기업이 연관 분야로 사업을 확장했다가 실패하거나 고전하는 모습을 종종 목격하게 된다. 실제로 연관 분야로 확장의 소용돌이를 만들기는커녕 성장에 제동이 걸리는 경우가 적지 않다. 그 대표적인 사례가 바로 하나투어의 면세점 사업 진출이다.

1993년 설립된 하나투어는 최고의 여행 전문 인력을 보유하고 있을 뿐만 아니라 다양한 유통 채널을 갖고 있는 국내 최대 여행사다. 그런 하나투어가 2015년 3월 면세점 유통 사업에 진출하자 관광업에서 쌓인 노하우와 네트워크를 활용해 황금알을 낳는 거위로 여겨지던 면세점 사업에서도 큰 성공을 거둘 것이라는 전망이 적지 않았다.

하지만 하나투어의 실적은 참담한 수준이었다. 2016년 면세점 사업에서 279억 원의 영업 손실을 기록했고 2017년에도 300억 원 안팎의 적자가 예상되고 있다. 이처럼 부진이 계속되면서 여섯 개 층으로 운영하던 시내 면세점을 네 개 층으로 대폭 줄였다. 결국 면세점 사업권을 취득한 직후 18만 원대로 치솟았던 하나투어 주가는 2017년 7월 현재 8만 원대로 반 토막이 났다.

연관 분야에서 확장의 소용돌이를 만드는 데 실패하거나 고전하는 사례가 비단 하나투어만은 아니다. 구글과 같은 세계적인 IT기업조차 확장의 소용돌이를 만들려다 고전한 경우가 있기 때문이다. 구글은 이메일 서비스는 물론 고객들의 관심 정보까지 수집해놓고도 연관 산업인 소셜 네트워크 사업에서는 연전연패하고 있다.

미국의 벤처기업가이자 투자자인 안슈 샤르마Anshu Sharma는 지금까지의 성공에 대한 과도한 자기 확신이 실패의 원인이라고 말한다.[3] 특히 기술이나 노하우가 부족해서라기보다는 고객의 니즈에 대한 연구를 소홀히 했기 때문에 연관 산업 진출에 실패한 것이라고 진단하고 있다.

하나투어는 여행 사업의 성공을 기반으로 야심차게 면세점 사업에 진출했지만 고전을 면치 못하고 있다.

연관 산업으로 확장의 소용돌이를 만들어나갈 때는 처음 사업을 시작하는 초심의 자세로 출발해야 한다. 아무리 밀접한 연관 산업에 진출하는 경우라도 결코 시장을 잘 알고 있다고 과신하지 말고 소비자들의 니즈를 기초부터 하나씩 철저히 분석해나가야 한다.

확장의 소용돌이를 만드는 또 하나의 중요한 방법은 확장하고자 하는 분야에서 협력할 파트너를 찾는 것이다. 오늘날과 같이 변화의 속도가 빠른 상황에서 자신의 기술과 제품만으로 확장의 소용돌이를 만드는 것은 매우 어려운 일이다. 그러므로 파트너를 찾아내거나 아예 관련된 협력 업체들과 함께 하나의 비즈니스 생태계를 조성하는 것이 좋은 방법이 될 수 있다.

볼보Volvo 자동차는 자동차 업계에서 오랜 전통과 노하우를 가진 전문 기업이지만 자율 주행 자동차 시장에서는 사실 매우 뒤처진 후발주자다. 그런 볼보가 자율 주행 자동차 시장에 진출하기 위해 택한 방법은 바로 파트너를 찾는 것이었다. 실제로 볼보는 IT업체인 엔비디아Nvidia, 세계적인 자동차 부품 업체인 오토리브Autoliv 등과 긴밀하게 협조하고 있다.

파트너들과 협력하여 비즈니스 생태계를 조성하고 이를 통해 연관 산업으로 확장해나간다면 큰 시행착오 없이 더 크고 강력한 확장의 소용돌이를 만들 수 있을 것이다.*

---

* 비즈니스 생태계 조성에 대해서는 5장에서 보다 자세히 소개할 것이다.

5

지지자와 동맹군의
마음을 얻어라

평판을 지키기 위한 노력을 넘어서서 아예 '사회적 기업'이라는 점을 내세워 큰 성공을 거두는 기업들까지 등장하고 있다. 소비자의 강력한 지지와 평판은 기업의 지속 가능성을 높이는 디딤돌이 될 뿐만 아니라 혁신을 부르는 강력한 견인차가 되기도 한다. 더불어 아무리 놀라운 혁신으로 무장한 추격자라고 해도 기존 사업자들을 모두 적으로 돌리면 승리할 확률은 낮아질 수밖에 없다. 독불장군처럼 모든 것을 혼자 차지하려는 것보다 기존 기업과 함께 시장의 파이를 키워 윈윈 게임을 만드는 편이 훨씬 더 유리하다.

"내가 더 멀리 보았다면
이는 거인의 어깨 위에 올라서 있었기 때문이다."

― 아이작 뉴턴(Issac Newton)

평판을 얻는 자가 시장을 얻는다

조반니는 1360년 이탈리아 반도 피렌체의 가난한 유대인 집안에서 태어났다. 그의 집안은 동네 불량배 수준의 저질 폭력을 일삼으며 불법 사채업을 하고 있었다. 그가 태어났을 당시 일가친척 중 무려 다섯 명이 각종 범죄에 연루되어 사형을 당했을 정도로 그의 집안은 악명이 높았다.[1]

당시 중세 교회는 돈을 빌려주고 이자를 받는 것을 심각한 죄악으로 여겼기 때문에 조반니 가문의 사채업을 엄격히 금지했다. 심지어 단테의 《신곡La Divina Commedia》은 제7지옥에 고리대금 업자들의 자리가 따로 마련되어 있어서 목에 무거운 지갑을 걸고 영원히 고문을 받는다고 묘사할 정도였다.

하지만 조반니는 가업인 소규모 불법 사채업에 만족하지 않고 이를 합법화하기 위해 머리를 짜냈다. 그는 어음을 다른 통화로 환전해 주면서 만기까지 남은 기간만큼 수수료를 받는 방식으로 사실상 어음할인을 해주는 획기적인 방법을 고안해냈다. 돈을 빌려주고 이자를 받는 것은 불법이었지만 환전 수수료는 합법이라는 점을 절묘하게 이용한 것이다.

이것이 바로 메디치 가문을 일으킨 조반니 디 비치 데 메디치Giovanni di Bicci de Medici의 놀라운 성공 신화다. 조반니 메디치는 이 같은 묘수를 활용해 불법 사채업을 지금의 근대적인 '은행업'으로 발전시켜나갔다. 그리고 피렌체를 발판으로 이탈리아에서 유럽 전역으로 영향력을 확대해갔다.

만일 불법 사채업을 양성화해서 돈을 버는 것으로 끝났다면 한때 유럽의 금융과 정치, 문화까지 지배했던 메디치 가문의 신화는 탄생하지 못했을 것이다. 하지만 조반니의 아들 코시모 데 메디치Cosimo de Medici는 평판이 사업의 성공을 좌우한다는 것을 너무나 잘 알고 있었기 때문에 대중의 마음을 얻기 위해 모든 노력을 기울였다.

코시모는 아버지 조반니의 사업을 물려받아 유럽 16개국에서 은행업으로 힘들게 번 돈을 학문과 예술에 아낌없이 투자했다. 온갖 고대 문헌과 예술품을 수집하고 이를 피렌체 시민들이 쉽게 접근할 수 있도록 개방했다. 교육과 예술, 건축 분야를 육성한 것은 물론 각종 축제와 종교 행사를 후원해 시민들의 강력한 지지를 얻었다.

자선사업에도 돈을 아끼지 않았다. 성지순례자들을 위한 무료 병원을 세웠고 빈민 구제 단체를 설립하거나 후원했다. 해마다 성탄절과 부활절에는 별도로 거액을 기부했다. 피렌체 시민들 가운데 어떤 형태로든 코시모의 자선이나 후원의 덕을 보지 않은 이가 없을 것이라

피렌체의 국부(國父)로 불리는 코시모 데 메디치. 그는 평판이 사업의 성공을 좌우한다는 것을 잘 알고, 학문과 예술에 아낌없이 투자하여 피렌체 시민들의 열렬한 지지와 사랑을 받았다.

는 말이 나올 정도였다.

메디치 가문은 성장 과정에서 귀족과 평민이 대립할 때 권력의 편에 서지 않고 서민의 입장을 옹호해 열렬한 지지를 얻었다. 대대로 메디치 가문은 후계자들에게 아무리 돈이 많고 권력을 가지고 있더라도 시민들에게 겸손해야 한다고 가르쳤다. 특히 고객에 대한 신용을 지키며 신의를 얻는 것을 가문의 금과옥조로 삼았다.

덕분에 피렌체 시민의 신뢰와 지지는 메디치 가문의 성장에 가장 강력한 기반이 된 것은 물론 메디치 가문이 흔들릴 때마다 그 부와 명예를 지키는 든든한 버팀목이 되었다. 하지만 후대로 가면서 환락에 빠진 메디치가의 후손들은 이러한 평판을 잃어버렸고 결국 350년간 지속되었던 찬란한 메디치 가문도 역사 속으로 사라졌다.

평판은 현재에도 유효하다. 오랜 기간 성공적인 경영을 해온 '위대한 기업들'은 좋은 평판, 좋은 이미지를 만들고 이를 유지하는 데 전력을 다해왔다. 이른바 '지지자'를 얻고 이를 활용하는 전략이다. 평판은 후발 주자로 뛰어들어 역전을 꿈꾸는 기업들에게는 더욱 중요한 기반이 된다.

타이레놀로 유명한 미국의 존슨앤드존슨은 윤리 경영의 효시로 불릴 정도로 대중의 지지를 기반으로 지속적인 성장 발판을 만들어온 대표적인 회사다. 1930년대 세계 대공황으로 대부분의 기업들이 극심한 경영 위기를 겪을 때도 존슨앤드존슨은 소비자와 지역사회까지 책임져야 한다며 적극적인 사회 공헌 활동을 했다.

가장 극적인 사건은 1982년 9월에 일어났다. 당시 미국 일부 지역에서 타이레놀을 복용한 사람이 무려 일곱 명이나 사망했다. 조사 결과 누군가가 유통 단계에서 타이레놀에 청산가리를 넣은 것으로 드러나 존슨앤드존슨의 잘못은 없는 것으로 밝혀졌다. 그런데도 존슨앤드존슨은 모방 범죄가 일어날 것을 우려해 막대한 손해를 무릅쓰고 미국 전역에서 타이레놀을 전격 리콜했다.

그해 11월 존슨앤드존슨은 유통 과정에서 독극물을 넣을 수 없도록 3중 안전 포장을 한 새로운 타이레놀을 출시했다. 이처럼 소비자들의 안전을 위해 선제적으로 나선 결과 새로운 타이레놀은 독극물 사건 이전의 시장점유율을 완전히 회복할 수 있었다. 리콜 조치로 존슨앤드존슨은 1억 달러를 잃었지만 대신 소비자의 신뢰라는 값진 자

1982년 존슨앤드존슨은 모방 범죄가 일어날 것을 우려해 막대한 손해를 무릅쓰고 미국 전역에서 타이레놀을 전격 리콜했다.

산을 얻은 것이다.

이제는 평판을 지키기 위한 노력을 넘어서서 아예 '사회적 기업'이라는 점을 마케팅 포인트로 삼아 큰 성공을 거두는 기업들까지 등장하고 있다. 대표적인 것이 바로 미국의 반려동물용품 전문 매장인 펫스마트PetSmart다.

펫스마트는 비영리 유기동물 입양 센터를 적극 후원하는 것은 물론 1994년부터 미국 전역과 캐나다 등 1470개 매장에 유기동물 입양 센터를 만들었다. 이런 노력 덕분에 펫스마트는 반려동물을 입양했거나 입양하려는 사람들에게 좋은 평판을 얻었다.

이 같은 사회적 활동은 단지 평판으로 끝나지 않고 펫스마트의 매출에도 직접적인 도움이 되었다. 유기동물을 입양한 사람들은 사료는 물론 각종 반려동물용품을 사야 하기 때문에 입양 즉시 펫스마트의

소비자의 강력한 지지와 평판은
기업의 지속 가능성을 높일 뿐 아니라
새로운 기업을 빠르게 성장하게 하는
강력한 견인차가 된다.

people saving pets

펫스마트는 유기동물 후원을 통해 착한 기업 이미지를 얻었을 뿐만 아니라 매출과 이익도 큰 폭으로 상승했다.

고객이 되는 경우가 많았다.

펫스마트는 1994년부터 2012년까지 500만 마리의 유기동물을 구했다. 그런데 그 기간에 유기동물 보호 사업 비용을 충분히 보상하고도 남을 만큼 매출과 이익이 늘어났다. 물론 펫스마트의 유기동물 지원이 돈을 더 벌기 위한 영업 전략이라는 비판도 있지만 반려동물을 아끼는 사람들의 지지와 성원은 펫스마트 성장의 든든한 기반이 되고 있다.

2010년에 온라인 안경 판매로 돌풍을 일으킨 미국의 와비파커Warby Parker도 평판을 통해 시장을 급속히 확대한 대표적인 기업이다. 사실 안경이야말로 절대 온라인으로 팔기 어려운 물품이라고 생각되어왔다. 시력 검사도 해야 하고 나에게 어울리는 스타일을 찾기 위해 다양한 안경도 직접 써봐야 하기 때문이다.

하지만 와비파커는 이런 편견을 넘어 온라인으로 안경을 파는 놀라운 판매 기법을 개발했다. 와비파커 홈페이지에서 착용해보고 싶은 안경을 최대 다섯 개까지 고르면 이를 배송해준다. 소비자가 직접 써보고 마음에 드는 안경을 결정한 다음 다섯 개의 안경테를 모두 와비파커로 반송한다. 그리고 안과에서 측정한 자신의 시력과 눈 사이의 거리 등을 온라인으로 입력하면 2주 뒤에 기존 안경점 가격의 5분의 1이라는 저렴한 가격에 맞춤 안경을 택배로 받을 수 있다. 이처럼 안경 가격을 획기적으로 낮출 수 있었던 이유는 복잡한 유통 단계를 거치며 매장 유지에 막대한 비용을 쓰는 기존 안경점과 달리 온라인 판매로 유통 비용을 획기적으로 줄였기 때문이었다.

와비파커가 성공한 또 하나의 결정적 요인은 평판에 있었다. 와비파커는 창업 당시부터 안경 하나를 팔 때마다 지구촌의 저소득층에게 안경을 하나씩 선물하겠다고 선언했다. 와비파커 고객들은 5분의 1 가격에 안경을 사면서 동시에 가난한 이웃을 돕는 선행까지 할 수 있었다.

혁신적인 판매 방식과 착한 기업 이미지를 구축한 덕분에 와비파커는 애플이나 구글 같은 첨단 기업을 제치고 2015년 미국의 경영 월간지인 《패스트 컴퍼니Fast Company》가 선정한 가장 혁신적인 기업에 꼽혔다.

이처럼 소비자의 강력한 지지와 평판은 기업의 지속 가능성을 높이는 디딤돌이 될 뿐만 아니라 새로운 혁신을 부르는 강력한 견인차가 되기도 한다. 그러므로 치열한 경쟁의 장에서 역전을 꿈꾸는 기업이라면 무엇보다 좋은 평판을 쌓기 위해 처음부터 노력해야 한다.

고객의 마음을 얻는 방법

전략 1 | 고객을 생산에 참여시켜라

2015년 '스타워즈'와 '울트라 에이전트' 등 레고의 대표작을 만든 신진 디자이너 프레데릭 롤랑 앙드레가 한국을 방문했다. 레고가 열광적인 팬들과 독창적인 작품을 공유하는 '브릭 코리아 컨벤션Brick Korea Convention'에 참여하기 위해서였다.

사실 앙드레 자신도 디자이너가 되기 전에는 열성 레고 팬이었다. 프랑스 출신의 앙드레는 3세 때부터 하루 종일 아버지의 레고를 갖고 놀았다. 그러다 16세 때 또래와 어울리기 위해 레고에서 완전히 손을 떼고 25세에는 NHK 파리 지국의 현지 계약직 고용인으로 평범한 삶을 살았다.

너무나 지루한 삶을 살고 있다고 생각하던 앙드레는 자신이 어렸을 때 마음껏 창의력을 발휘하게 해주었던 레고를 떠올렸다. 그리고 밤마다 레고로 자신의 끼를 마음껏 발휘하며 작품을 만들고, 그 사진을 공유 사이트에 올렸다. 그런데 그의 작품을 알아본 레고사가 그를 대표 디자이너로 채용하면서 인생이 완전히 바뀌게 된 것이다.

레고는 해마다 수많은 작품을 쏟아내고 있지만 앙드레와 같은 정식 디자이너는 고작 200명밖에 되지 않는다. 하지만 아무런 대가도 바라지 않고 자발적으로 독창적인 작품을 만들고 이를 공유하는 성인 레고 팬Adult Fans of LEGO, AFOL이 무려 12만 명이나 된다.

레고는 이런 팬들의 열정을 실제 신제품 개발과 마케팅에 활용하기 위해 고객이 직접 온라인으로 레고 작품을 설계하고 그에 맞는 맞춤형 주문도 할 수 있는 레고 디지털 디자이너LEGO Digital Designer, LDD를 출시했다. 그리고 온라인에서 활동하는 열혈 팬들 중에 가장 뛰어난 사람들을 '레고 대사LEGO ambassador'로 임명하고 있다.

가장 열정적인 레고 팬임을 나타내는 레고 대사가 되면 덴마크 본사로 초청되어 레고가 만들어지는 과정과 레고의 심장부인 디자인실을 직접 참관할 수 있는 특권이 주어진다. 특히 자신의 아이디어가 실제 상품으로 제작되는 것은 물론 앙드레처럼 디자이너로 채용되는 경우도 있다.

고가의 오토바이 브랜드인 할리 데이비드슨Harley-Davidson도 레고 못지않은 열성적인 팬들을 거느린 것으로 유명하다. 이들은 단순히 할리 데이비드슨을 좋아하는 정도가 아니라 제조 공정이나 부품, 성능에 대해 할리 데이비드슨 엔지니어 못지않은 해박한 지식을 갖고 있다. 심지어 자기 돈으로 오토바이를 개조한 다음 그 결과를 회사 엔지니어들과 공유하기도 한다.

그들은 대가를 바라는 것이 아니라 단지 할리 데이비드슨이 더 좋은 오토바이를 만들면 이를 마음껏 즐기고 싶은 것뿐이다. 마케팅의 아버지로 불리는 필립 코틀러Philip Kotler는 이처럼 자신의 돈과 시간을 아끼지 않고 자신이 좋아하는 제품의 개선이나 개발에 자발적으로 나서는 현상을 "고객이 공동 창조자가 된 것"이라고 표현한다.[2]

고객이 공동 창조자가 되면 정말 고객이 원하는 제품을 적시에 개발할 수 있을 뿐만 아니라 제품 출시 초기에 강력한 영향력을 가지는 얼리어답터들을 내 편으로 끌어들일 수 있다. 자신의 아이디어가 실현되는 것을 목격한 소비자들은 가장 충성스러운 고객이 될 수밖에 없다.

HARLEY-DAVIDSON
Archival Image from Daytona 1989 - from "A Woman's Guide to Harley-Davidson"

고가의 오토바이 브랜드인 할리 데이비드슨은 고객들이 직접 제품 개발에 참여하는 것으로 유명하다.

레고나 오토바이뿐만 아니라 훨씬 복잡하고 정교한 제품도 고객이 직접 생산 과정에 참여하는 경우가 많다. 실제로 보잉사 같은 항공사나 3D 프린터 등을 생산하는 첨단 기업들도 제품 개선이나 새로운 모델 개발에 고객들을 적극적으로 동참시키고 있다. 이처럼 고객들의 자발적인 열정을 최대한 이끌어내고 싶다면 그들을 기업의 공동 창조자로 만들어야 한다.

전략 2 | 가장 적대적인 고객까지 끌어안아라

1998년 레고는 블록처럼 조립해 온갖 종류의 로봇으로 변형할 수 있는 마인드스톰Mindstorm이라는 혁신적인 제품을 출시했다. 마인드스톰은 운영체제를 탑재한 제어 장치와 모터, 감지 센서를 가지고 있었다. 더구나 PC는 물론 나중에는 스마트폰과도 연결해 작동을 지시하거나 프로그래밍할 수 있었다.

레고가 마인드스톰을 처음 출시했을 때는 어린이들을 주요 타깃으로 삼았다. 하지만 정작 제품이 출시되자 가장 열광한 것은 해커들이었다. 해커들은 마인드스톰의 응용 프로그램에 손대는 정도를 넘어서서 운영체제를 아예 새로 덮어쓰는 해킹까지 했다. 그야말로 제품의 안정성이나 정체성을 위협할 정도로 심각한 수준이었다.

레고 경영진 중의 일부는 이런 '위험한' 해킹 행위에 대해 법적 조치나 형사 고발까지 고려했다. 하지만 오랜 회의 끝에 해커들이야말로 마인드스톰을 가장 열광적으로 좋아하는 집단이라는 판단을 내리고 이들을 적대시하는 대신 오히려 자기편으로 끌어들이겠다는 획기적인 결단을 내렸다.

이후 레고는 "창조력을 제한하는 것은 레고의 정신과 맞지 않는다"고 발표하고 해킹을 광범위하게 인정했다. 그리고 해커들이 서로 의견을 나눌 수 있는 장까지 만들어주고 가장 뛰어나면서 가장 위험한 해커 네 명을 초청해 직접 차세대 모형 개발에 참여시켰다. 해커라는 위협을 오히려 신제품 개발의 자원으로 활용한 것이다.

그 결과는 놀라웠다. 해커들은 불법이라는 두려움 없이 마인드스톰을 그야말로 '마음껏' 갖고 놀기 시작했다. 그 결과 마인드스톰으로 시각장애인을 위한 점자 프린터를 만들기도 했고 시리얼 자판기를 만든 경우도 있었다. 심지어 로봇이 책장을 자동으로 넘겨가며 내용을

레고는 블록처럼 조립해 온갖 종류의 로봇으로 변형할 수 있는 마인드스톰이라는 혁신적인 제품을 출시했다. 아이러니하게도 마인드스톰이 제품의 정체성을 위협하던 '해커들의 놀이터'가 되면서 더욱 강한 생명력을 갖게 되었다.

스캔해 디지털화해주는 상업용 북리더 장비를 만든 경우도 있었다.

출시된 지 20년에 이르는 마인드스톰은 이제 단순한 놀이기구를 넘어서서 로봇공학과 과학기술, 수학 분야에서 마음껏 창의력을 발산할 수 있는 장비로 자리 잡았다. 레고가 해커라는 가장 위험한 고객을 내 편으로 끌어안지 않고 적으로 돌렸다면 결코 이룰 수 없었던 성과였다.

시장이 확대되면서 소비자들의 기대 수준이 높아지고 까다로운 고객들도 늘어날 수밖에 없다. 이런 고객들을 모두 적으로 돌린다면 시장과 힘겨운 싸움을 벌여야 하고 그 과정에서 기업은 성장의 한계에 직면할 가능성이 크다. 하지만 발상을 달리해보면 까다로운 고객은 기업이 놓친 제품의 약점을 가장 먼저 찾아내는 소중한 테스트베드Test Bed˚가 될 수 있다. 이 때문에 까다로운 고객들을 품질 향상에 활용하고 그들의 의견에 귀를 기울이며 '내 편'으로 끌어들이는 것이 기업의 도약에 더 유리한 전략이다.

전략 3 | 스스로 진화하는 소비 생태계를 만들어라

고객들을 내 편으로 만드는 최고의 단계는 고객들 스스로 진화하는 하나의 생태계를 만들어내는 것이다. 스스로 진화하는 생태계란 고객들의 상호작용을 통해 제품에 대한 관심이 끊임없이 유지되고 고객들 스스로 자신들의 니즈를 찾아나갈 뿐만 아니라 새로운 고객들의 유입으로 끝없이 성장하는 네트워크를 말한다.

대표적인 경우가 바로 페이스북Facebook이다. 몇몇 하버드 학생들이 처음 쓰기 시작한 페이스북이 순식간에 다른 학교로 퍼져나가면서 결국 전 세계 18억 인구가 교류하는 사이트로 성장했다. 페이스북이 플랫폼을 제공하자 먼저 페이스북을 시작한 고객들이 새로운 고객들을 끌어들이면서 스스로 성장하는 하나의 생태계가 된 것이다.

이런 생태계를 만들기 위해 반드시 페이스북처럼 플랫폼을 지배하는 사업자가 될 필요는 없다. 중요한 것은 고객들이 끊임없이 관심을 나눌 수 있는 네트워크를 만들어 더 많은 사람들이 자발적으로 동참하도록 유도하는 것이다. 물론 독자적인 네트워크를 만드는 게 더 좋겠지만 기존의 소셜 네트워크를 활용해도 무방하다.

● 새로운 제품이나 서비스의 성능과 효과를 시험할 수 있는 환경 혹은 시스템, 설비 등을 뜻한다.

이렇게 스스로 진화하는 고객들의 생태계가 만들어지면 고객들 간의 상호작용으로 방대한 콘텐츠가 누적된다. 그러면 이를 통해 오랫동안 시장을 지배할 수 있는 강력한 기반을 마련할 수 있다. 지금처럼 고객들의 상호작용이 활발해진 세상에서는 스스로 진화하는 고객들의 생태계를 가졌느냐 가지지 못했느냐가 기업의 미래를 좌우할 만큼 중요한 요인이 된다.

스스로 진화하는 생태계를 조성한 또 다른 성공 사례로는 순식간에 세계 최대 숙박 공유 사이트로 성장한 에어비앤비airbnb가 있다. 에어비앤비가 등장하기 전까지는 자신의 집이나 방, 별장을 빌려주고 싶어도 빌리려는 사람을 찾기가 어려웠고 숙박 시설이 아무리 좋은 서비스를 제공해도 이를 알릴 방법이 없어 제값을 받기가 쉽지 않았다. 여행객들도 다양한 여행 경험을 추구하기 시작하면서 일반 가정집에서 그 나라의 문화를 직접 체험해보거나 예쁜 별장 또는 저렴한 방 등 다양한 형태의 숙소를 빌리고 싶어하는 사람들이 늘어났다. 하지만 이들 역시 정보가 없기 때문에 기존의 호텔이나 게스트하우스처럼 정형화된 숙소를 이용할 수밖에 없었다.

에어비앤비는 방을 공유하려는 사람들과 여행자들을 연결해주는 숙박 공유 사이트를 만들었다. 그리고 정보의 불일치를 해소하기 위해 여행자들이 숙소를 직접 체험한 후 평가와 후기를 자유롭게 사이트에 올릴 수 있게 했다. 여행자들은 아무런 대가 없이 자발적으로 숙소에 대한 평가를 올리기 시작했다.

스스로 진화하는 고객들의 생태계를 구축한
에어비앤비는 익스피디아나 프라이스라인 등
숙소 예약 업계의 전통적인 강자들을
무섭게 추격하고 있다.
그들의 모토는 '웰컴 홈(Welcome Home)'이다.

에어비앤비는 방을 빌려주려는 고객과 방이 필요한 고객들의 자발
적인 참여로 세계 최대 숙박 공유 사이트로 빠르게 성장했다.

고객들의 자발적인 후기와 평가가 수백, 수천 건씩 누적되기 시작하자 이는 여행 전문가 한두 명의 조언보다 오히려 더 신뢰할 수 있는 소중한 정보로 자리 잡았다. 그 결과 여행객들이 후기를 보고 자신에게 맞는 숙소를 쉽게 찾을 수 있게 된 것은 물론, 숙소를 제공하려는 사람들도 제값을 받고 방을 빌려줄 수 있게 되었다.

판에 박힌 호텔에서 벗어나 그 나라의 문화를 즐길 수 있는 독특하고 저렴한 숙소를 이용했던 에어비앤비 사용자들의 색다른 경험이 소셜 미디어를 타고 빠르게 확산되었다. 에어비앤비의 고객 하나하나가 새로운 고객들을 끌어들이는 바이럴 마케터 Viral Marketer ● 가 된 셈이다.

서비스 마케팅의 대가인 제임스 헤스켓 James L. Heskett 하버드 비즈니스스쿨 교수는 이처럼 기업의 성장과 역전에 핵심이 되는 고객들을 '고객 오너 Customer Owner '라고 부른다.[3] 고객 오너란 제품과 서비스에 크게 만족해 더 많이 구매하고 자신의 경험을 다른 사람들에게 전달해 새로운 고객들을 유인하는 사람들이다.

이처럼 스스로 진화하는 고객들의 생태계를 구축한 에어비앤비는 익스피디아 Expedia 나 프라이스라인 Priceline 등 숙소 예약 업계의 전통적인 강자들을 무섭게 추격하고 있다. 2008년 창업한 에어비앤비의 기업 가치는 설립 8년 만에 무려 300억 달러(약 33조 원) 수준으로 불어

● 블로그, 카페, 소셜 미디어 등을 통해 소비자들에게 바이러스처럼 빠르게 확산되는 마케팅 현상을 일으키는 사람을 지칭하는 말.

났다.

오늘날과 같이 네트워크가 발달한 상황에서 스스로 진화하는 생태계는 놀라운 성장의 원동력이 될 수 있음에도 우리 기업들은 그런 고객 생태계의 진정한 가치를 깨닫지 못하는 것 같다. 눈앞의 작은 이익을 고객 생태계 조성보다 우선시하고 심지어 그 생태계를 스스로 파괴하는 경우도 적지 않다.

맛집 평가 사이트만 봐도 글로벌 기업들과 우리나라의 차이가 확연히 드러난다. 우리나라의 경우 맛집 평가 사이트는 군소 업체들이 난립하다가 나중에는 대형 포털 사이트까지 진입하여 시장 질서를 무너뜨렸기 때문에, 맛집 평가 하나만으로 시작해 천문학적인 돈을 벌어들이는 첨단 네트워크 산업으로 성장하는 일은 상상하기 어렵다.

반면 미국에서는 맛집 등 동네 가게들을 평가하는 사이트로 시작한 옐프Yelp사의 2017년 시가총액이 무려 32억 달러(약 3조 6000억 원)에 이를 정도다. 이는 160대가 넘는 항공기를 보유하고 전 세계 노선을 갖고 있는 대한항공의 시가총액 3조 원을 뛰어넘는 수준이다.

옐프사는 동네 맛집과 가게들에 대한 평가를 자유롭게 올리고 다른 사람들의 의견을 볼 수 있는 고객들의 생태계를 만들었을 뿐이다. 다만 핵심은 객관적인 평가가 가능하도록 고객들이 얼마든지 부정적인 평가를 올릴 수 있게 했고 음식점 업주나 홍보 업자들이 평가를 조작하지 못하도록 철저히 감시했다는 점이다.

광고료를 많이 낸 업주들을 위해 부정적 평가를 가려주거나 검색 규칙 등을 조정해 더 많이 노출시키면 당장은 더 많은 이익을 얻을 수 있겠지만 옐프사는 그런 눈앞의 이익보다 공정하고 객관적인 고객들의 생태계를 만드는 데 주력했다. 그 결과 많은 사람의 평가가 쌓이면서 신뢰도가 높아졌고, 이것이 더 많은 고객들을 불러 모으는 열쇠가 되었다.

옐프는 여기서 멈추지 않고 관광지나 병원, 심지어 도서관 같은 지역 기반 시설을 종합적으로 평가하는 사이트로 성장해나갔다. 여행객은 물론 지역 주민들까지 옐프의 평가를 먼저 보고 자신이 이용할 음식점이나 시설을 선택하게 되자 옐프는 지역 기반 광고를 휩쓰는 대성공을 거두게 되었다.

지금처럼 모든 사람과 사물이 연결되고 서로 피드백을 주고받는 네트워크 사회에서는 스스로 진화하는 고객들의 생태계 구축이 기업 성장의 새로운 핵심 자산이 되고 있다. 일단 고객들의 생태계가 조성되면 이것은 경쟁자가 쉽게 넘보지 못하는 난공불락의 요새가 된다. 지속 가능한 성장을 꿈꾼다면 당장 눈앞의 이익보다 믿을 수 있는 고객들의 생태계를 만드는 일에 전력을 기울여야 한다.

기존 사업자는 적이 아니다 : 동맹군의 중요성

고객을 끌어안는 것만큼 중요한 것이 있다. 바로 이미 시장에서 경쟁

중인 기존 사업자들과의 관계다. 그들과 적이 되느냐, 아니면 동맹군이 되느냐가 사업의 성패를 좌우하기도 한다. 아무리 강력한 혁신적 추격자라 해도 적대관계로 둘러싸인 시장에서 버텨낼 재간은 없다. 경쟁관계에 있는 기존 사업자들과의 관계를 '제로섬zero-sum'이 아닌 '윈윈win-win' 게임으로 만드는 지혜와 노력이 필요하다.

1999년 3월 노스이스턴 대학교에 다니던 숀 패닝Shawn Fanning은 밤마다 인터넷에서 음악 MP3 파일을 찾아 헤매며 밤을 지새우는 룸메이트 때문에 잠을 설쳐야 했다. 참다못한 패닝은 편히 자고 싶다는 일념으로 MP3 파일을 쉽게 공유할 수 있는 검색 엔진을 개발하고 자신의 별명인 '냅스터Napster'라고 이름 지었다. 그런데 뜻하지 않게 이 사이트가 엄청난 인기를 끌면서 서비스를 시작한 지 불과 1년여 만에 가입자가 2800만 명으로 불어났다. 냅스터에 가입한 회원들은 누구나 인터넷을 통해 다른 회원들이 갖고 있는 MP3 파일을 검색해 무료로 다운받고 동시에 자신의 파일을 손쉽게 공유할 수 있었다.

냅스터는 MP3 파일을 자신의 서버에 직접 보유하지 않고 위치 정보만 알려주었기 때문에 서비스 제공에 거의 비용이 들지 않았다. 개인들이 직접 정보나 데이터를 주고받는 'P2PPeer to Peer 파일 공유 서비스'*의 원조인 셈이다. 이처럼 획기적인 서비스는 MP3 파일에 목말라 있던 사람들에게 폭발적인 인기를 끌었다.

---

* 개인들이 컴퓨터나 스마트폰을 통해서 직접 정보나 데이터를 주고받을 수 있게 하는 서비스.

냅스터의 혁신은 시장 질서를 붕괴시킬 만큼 무시무시한 파괴력을 가지고 있었다. 기존의 음반 시장은 음반 제작사가 음반을 만들면 이것이 총판과 소매업체를 거쳐 소비자에게까지 유통되는 구조였다. LP판이나 CD를 실물로 제작해야 하는 데다 여러 유통 단계를 거치기 때문에 가격도 만만치 않았다.

그런데 냅스터는 MP3를 자유롭게 주고받게 함으로써 이 같은 유통 구조를 완전히 무너뜨리고 누구나 공짜로 음악을 들을 수 있게 만들어버린 것이다. 소비자들은 신이 날지 몰라도 음반 회사들과 유통사들 입장에서는 냅스터가 기업의 생존이 달린 가치 사슬을 완전히 파괴해버린 셈이었다.

절체절명의 위기에 빠진 음반 업계는 냅스터를 몰아내기 위해 하나로 뭉쳤다. 당시 법체계로는 냅스터를 통한 MP3 파일 공유를 완전히 불법이라고 단정 짓기에는 모호한 점이 없지 않았지만 합심한 업계는 결국 냅스터를 통한 음악 파일 교환이 불법이라는 법원의 판결을 이끌어냈다. 2001년 7월 냅스터의 음악 파일 공유 서비스는 완전히 중단되고 말았다.

기술 혁신과 경제학을 접목시킨 경제학자인 조지프 슘페터는 시장을 변화시키는 놀라운 혁신을 '창조적 파괴Creative Destruction'라는 개념으로 설명한다. 창조적 파괴는 이전에 존재하지 않았던 제품이나 서비스로 기존의 가치 사슬을 파괴하거나 시장을 교란시켜 경쟁 우위를 차지하는 것을 뜻한다.

실제로도 뛰어난 혁신은 기존 시장 질서를 '파괴'하는 경우가 적지 않다. 하지만 이는 혁신의 결과로 필연적으로 나타나는 현상이어야지, 처음부터 기존의 질서와 가치를 다 파괴하고 바꾸어버리려는 야욕을 드러내면 기존 질서의 강한 저항을 받게 되어 성공하기가 어려워진다.

냅스터는 기존 사업자를 모두 적으로 돌렸다가 실패한 반면 애플은 기존 사업자와 손잡고 MP3 시장에서 큰 성공을 거두었다. 애플의 스티브 잡스 회장은 냅스터의 실패에서 오히려 새로운 기회를 발견하고 냅스터와는 반대로 기존의 음반 사업자들을 적이 아닌 친구로 만들기로 했다. 그래서 MP3 파일을 인터넷으로 판매할 수 있는 권한을 얻기 위해 5대 음반 회사와 접촉해 협상을 시작했다.

당시 음반사들은 냅스터 때문에 애플과 같은 IT 회사에 대한 경계심이 커진 상태였기 때문에 스티브 잡스와의 협력을 탐탁지 않게 생각했다. 특히 IT업계의 대표 주자인 애플까지 MP3 파일 서비스를 시작하면 불법 복제가 더욱 기승을 부릴 것이라 우려가 컸다. 하지만 잡스는 사람들이 MP3 파일을 불법으로 복제하는 이유는 MP3 파일을 합법적으로 구입할 방법이 없기 때문이라며 음반사들을 끈질기게 설득했다.

이 같은 노력 끝에 잡스는 세계 5대 메이저 음반 회사들의 음반을 MP3 파일로 만들어 '아이튠즈iTunes'라는 애플의 플랫폼에서 판매하는 계약을 성사시켰다. 이전에는 전혀 어울릴 것 같지 않았던 IT산업과 문화 산업의 놀라운 협력관계가 시작된 것이다. 2003년 드디어 아이튠즈 뮤직스토어 서비스가 시작되자 MP3 파일은 물론 이를 플레이하기 위한 아이팟iPod까지 날개 돋친 듯 팔려나갔다.

아무리 놀라운 혁신으로 무장한 추격자라고 해도 기존 사업자들을 모두 적으로 돌리면 승리할 확률은 낮아질 수밖에 없다. 그러므로 기존 기업들 중에서 상호 보완적인 기업을 찾아내 이들에게 더 나은 이득과 가능성을 제시하고 협력하는 것이 더 유리한 경우가 많다. 독불장군처럼 모든 것을 혼자 차지하려는 것보다 기존 기업과 함께 시장의 파이를 키워 서로에게 이득이 되는 윈윈 게임을 만드는 편이 훨씬더 유리하다.

혁신의 과실은 나눌수록 커진다

1926년 스웨덴 시골 마을에서 태어난 잉바르 캄프라드Ingvar Kamprad는 불과 5세의 나이에 놀라운 장사 수완을 보였다. 고모와 함께 스톡홀름에 갔다가 성냥 100갑을 사와 이웃에게 한 갑씩 팔아 이윤을 남겼던 것이다. 7세 때에는 시계와 펜, 크리스마스카드를 팔더니, 11세에는 자신이 번 돈으로 자전거와 타자기를 샀다.

그러다 17세가 되던 해에 그는 인생을 바꿀 결정적인 계기를 맞이했다. 시험에서 좋은 성적을 내고 아버지에게 받은 약간의 용돈을 기반으로, 통신판매를 통해 액자나 만년필 등 간단한 물건을 파는 본격적인 사업을 시작한 것이다. 그는 자신의 회사 이름을 이케아IKEA라고 지었다.

통신판매로 온갖 물건들을 팔다가 22세에 처음으로 가구를 팔기 시작한 그는 때마침 2차 대전이 끝나면서 경기 호황으로 가구 판매가 크게 늘어나자 25세부터는 가구 판매에만 전념했다. 하지만 가구 판매가 잘되는 만큼 많은 사업자들이 가구를 팔기 시작하면서 이들과 치열한 경쟁을 벌여야 했다.

이케아는 '품질을 희생하지 않는 가격 파괴' 전략을 내세우며 빠른 속도로 시장을 장악해나갔다. 그러자 생존을 위협받게 된 스웨덴 가구 업체들이 대대적인 반격에 나섰다. 기존의 가구 업계가 똘똘 뭉쳐 이케아에 납품하던 중소 협력 업체에게 납품을 못 하도록 압력을 가하기 시작한 것이다.

가구 업계의 압력에 못 이긴 중소 협력 업체들이 하나둘 떨어져나가자 이케아는 위기를 돌파하기 위해 새로운 전략을 모색했다. 협력 업체들과 함께 이전보다 더 큰 가치 사슬을 창출하고 새로 생긴 이득을 나누어 협력 업체들을 붙잡아두겠다는 전략이었다.

우선 이케아는 가구 조립 방식을 단순화해 제작 단가를 획기적으로 줄이고 납품 업체가 비용을 낮출 수 있도록 매번 대량으로 주문했다. 또 전 세계에 흩어져 있는 1000여 개의 협력 업체와 평균 계약 기간이 11년에 이르는 장기 계약을 맺음으로써 협력 업체의 납품 물량을 보장해주었다. 그리고 납품 업체가 더욱 효율적으로 일할 수 있도록 시장 정보와 가구 제작 노하우 등 축적된 데이터를 제공하고 기술을 공유했다.

덕분에 납품 업체들은 납품 단가를 낮추면서도 이윤을 창출할 수 있었고 철저한 품질 관리와 비용 절감이라는 두 마리 토끼를 모두 잡게 되었다. 이케아 역시 이들 납품 업체로부터 질 좋고 값싼 제품을 안정적으로 공급받아 제품 가격을 지속적으로 인하함으로써 경쟁 업체들을 따돌릴 수 있었다.

가격 경쟁력을 확보한 이케아는 스웨덴 시장을 넘어 세계시장으로 뻗어나가면서 전 세계 330여 개 매장에서 300억 유로(약 36조 원)의 매출을 올리는 글로벌 기업으로 성장했다. 그럼에도 2000년부터 2010년까지 제품 가격을 해마다 2~3퍼센트씩 인하할 정도로 여전히 가격 파괴를 선도하고 있다.

이케아는 고객과 납품 업체 사이에서 최대한 가치를 창출하고 이를 혼자 독차지하는 대신 고객은 물론 납품 업체와 함께 나누는 전략을 택했다. 그 결과 납품 업체들은 기존 가구 업계의 집요한 방해에도 안정적으로 이케아에 납품을 계속했고 고객들은 적절한 품질에 저렴한 가격을 자랑하는 이케아에 열광했다.

이케아가 여느 업체처럼 기존의 가치 사슬을 모두 파괴하고 새롭게 창출한 가치를 모두 독차지하려고 했다면 냅스터처럼 기존 업체들의 견제와 압력에 밀려 쉽지 않은 상황에 처했을지 모른다. 하지만 이케

이케아의 협력 업체는 전 세계 1000여 곳,
평균 계약 기간은 11년에 이른다.
이케아의 핵심 경쟁력인 가격 파괴는
동맹군 전략으로 가능했다.

고객에게 불편함을 판다는 스웨덴의 세계적인 조립형(DIY) 가구 판매 업체 이케아. 가구 업계에 혁신적인 판매 방식을 도입하여 가격 경쟁력에서 우위를 점하면서 전 세계를 누비고 있다.

아는 새로운 가구 설계와 물류 시스템으로 키운 파이를 고객은 물론 납품 업체와 함께 나눈 덕분에 세계 가구 업계를 주도하는 거대 기업으로 성장했다.*

새로운 혁신은 대체로 기존 기업의 가치 사슬을 파괴하는 경우가 많기 때문에 기존 시장 질서를 지배하던 기업과 충돌할 수밖에 없다. 만일 새로 창출되는 혁신의 과실을 혼자 독차지하려 한다면 아무리 뛰어난 혁신이라도 결코 성공할 수 없다. 자신의 납품 업체는 물론 고객들과 파이를 나누는 것이 오히려 전체 파이를 키우는 열쇠가 될 수 있음을 명심해야 한다.

동맹의 힘을 믿어라

1975년 소니는 당시만 해도 혁신적인 기술이었던 베타 방식의 비디오카세트리코더Videocassette Recorder, VCR를 선보였다. VCR은 자기테이프를 작은 플라스틱 케이스에 넣어 소형화시킨 것으로 가정에서 텔레비전 프로그램을 녹화하는 것은 물론 보고 싶은 영화를 원하는 시간에 볼 수 있게 해주었기 때문에 당시만 해도 획기적인 기술이었다.

---

* 이케아가 처음 한국에 진출할 당시 중소 가구 업체들이 반발에 부딪히자 이케아는 국내 중소 업체들과의 협력을 강화하겠다고 밝혔다. 하지만 이케아의 납품 구조를 보면 이는 처음부터 불가능한 일이었다. 이케아에 납품하려면 납품 단가를 낮추기 위해 대량생산을 해야 하는데, 우리나라의 중소 가구 업체들은 이런 물량을 감당할 만큼 규모를 갖추고 있는 경우가 없었다. 결국 한국 중소 업체와의 협력 강화는 애초부터 불가능했다.

소니의 VCR 기술력은 독보적이었다. 그래서 소니는 이 기술을 남과 나누기보다 혼자 독차지하는 편이 훨씬 이익일 것이라고 생각하고 쉽게 기술을 개방하지 않았다. 남과 제휴하지 않아도 자신들의 월등한 기술력만 있으면 쉽게 시장을 장악할 수 있을 것이라고 확신했기 때문이었다.

소니보다 1년 늦게 시장에 뛰어든 JVC는 소니에 대항하기 위해 VHS Video Home System 방식의 VCR을 내놓았다. 하지만 JVC의 방식이 한 해 늦게 나왔음에도 화질은 물론 신뢰도 측면에서 소니의 베타 방식이 더 우월했다.

모두들 시장에 먼저 진출했을 뿐만 아니라 월등한 품질을 갖춘 소니가 당연히 JVC에 승리할 것이라고 예상했다. 하지만 VHS 방식이 출시 5년 만에 전체 VCR 시장의 75퍼센트를 차지하는 놀라운 역전이 벌어졌다. 결국 베타 방식은 품질과 신뢰성을 중시하는 방송국에만 남았을 뿐, 가정용 홈비디오 시장에서는 완전히 퇴출되고 말았다. 도대체 어떻게 된 것일까?

두 방식의 생존 여부를 좌우한 것은 기술력이 아니라 동맹을 얼마나 확보했느냐였다. 자신의 기술력을 자신했던 소니는 베타 방식의 비디오플레이어를 소수의 협력 업체들과 배타적으로 생산했지만 JVC는 약간의 사용료만 내면 누구나 VHS 방식을 사용할 수 있도록 기술을 개방했기 때문에 쉽게 동맹을 확보할 수 있었다.

파나소닉, 히타치, 샤프, 미쓰비시 등 일본을 대표하는 많은 전자 회

소니의 베타 방식 VCR 광고(좌). JVC가 소니에 대항하기 위해 내놓은 VHS. 방식의 VCR(우). 당시 VHS의 승리를 점친 전문가는 드물었다.

사가 VHS 방식에 뛰어들었고 1984년에는 협력사가 무려 40개까지 늘어났다. 만일 JVC 혼자 소니를 따라잡으려 했다면 승산이 없었겠지만 든든한 우군이 속속 등장하면서 VHS는 오히려 소니의 베타 방식을 누르고 시장을 주도하기 시작했다.

VHS 방식의 또 다른 강력한 동맹은 바로 비디오 렌탈샵이었다. 소니는 자신의 기술력을 과신하고 있었기 때문에 유통망을 자기편으로 만드는 데 큰 관심이 없었다.이에 비해 JVC 등 VHS 진영은 비디오 렌탈샵이 베타 방식이 아닌 VHS를 선택하도록 기술과 마케팅 지원을 아끼지 않았다.

결국 비디오 렌탈샵에는 온통 VHS 방식의 비디오테이프가 가득 차게 되었고 일반 가정은 원하는 영화를 마음껏 빌려보기 위해 베타 방식보다 VHS 방식의 비디오플레이어를 선택하기 시작했다. VHS

방식이 소니의 베타 방식을 몰아내고 홈비디오 시장을 장악하게 되었던 것이다.

이처럼 혼자 시장을 차지하려고 하기보다 더 많은 동맹을 확보해 시장을 키우는 것이 더 유리할 때가 많다. 초기 퍼스널 컴퓨터Personal Computer, PC 시장에서 벌어진 IBM과 애플의 치열한 전쟁에서 IBM이 애플을 누르고 승리한 것도 더 많은 동맹을 확보하여 시장을 구축했기 때문이었다.

1977년 등장한 '애플2 Apple-2'는 PC 시장을 새로 열었다고 해도 과언이 아닐 정도로 혁신적인 제품이었다. 덕분에 애플은 1980년대 초반 PC 시장에서 절대 강자가 될 수 있었다. 심지어 1981년 IBM이 PC 시장에 뛰어든다고 하자 "IBM의 PC 시장 진출을 진심으로 환영한다"는 내용의 대담한 광고를 내보낼 정도로 자신만만했다.

특히 1984년 애플이 출시한 매킨토시는 시대를 앞서간 회심의 역작이었다. 하지만 애플은 자신들의 기술력을 너무 과신한 나머지 누구와도 협력하지 않고 하드웨어와 운영체제를 직접 만들었다. 그 결과 매킨토시는 일반 가정이 감당하기에는 가격이 너무 비싸졌고 소비자의 다양한 니즈를 충족시키기도 어려웠다.

이에 비해 IBM은 다양한 하드웨어와 운영체제를 활용할 수 있는 개방형 구조를 택했다. 이 때문에 미국뿐만 아니라 일본과 대만, 한국의 다양한 업체들이 IBM 호환 PC를 제조할 수 있었다. 덕분에 다양한 가격대의 차별화된 PC가 쏟아져 나오면서 애플을 밀어내고 PC

"IBM의 PC 시장 진출을 진심으로 환영한다."
1980년대 초반, 애플은 자신만만했다.
그러나 애플에 도전한 것은
IBM이라는 하나의 회사가 아니라
동맹을 맺은 거대한 생태계였다.

1981년 IBM이 출시한 PC(상)와 1984년 애플이 출시한 매킨토시(하).
출시 당시 세련된 디자인과 편리한 인터페이스에 수많은 마니아들
이 매킨토시에 열광했다. 하지만 애플은 동맹을 확보한 IBM 호환
기종에 쉽게 역전당하고 말았다.

시장의 주류로 자리 잡았다.

테슬라Tesla Inc.의 설립자인 천재 사업가 엘론 머스크Elon Musk는 사업에 성공하기 위해서는 동맹이 얼마나 중요한지 정확하게 간파하고 있었다. 2014년 5월 머스크는 "테슬라가 보유한 전기 자동차 특허를 모두 무료로 공개하겠다"는 폭탄선언을 했다. 전기 자동차와 관련해 세계 최고 수준의 기술력을 자랑하는 테슬라가 자사의 주요 기술을 공개한다고 하자 전 세계가 어리둥절해했지만 여기에는 다 이유가 있었다.

머스크는 자신이 혁신적인 전기 차를 개발하면 너도나도 전기 차 사업에 뛰어들어 전기 차가 곧 기존의 내연기관을 대체하고 새로운 시장의 주류로 자리 잡을 것이라고 생각했다. 하지만 그런 기대와 달리 글로벌 자동차 회사들은 여전히 내연기관에만 매달렸다. 기존 자동차 회사들의 전기 차 개발이 계속 더디게 진행되면 관련 인프라 개발이 늦어져 전기 차의 보급이 지연될 수밖에 없다. 그리고 전기 차 시장이 급속히 커지지 않는다면 테슬라의 성장에도 큰 장애가 될 수밖에 없는 상황이었다. 그래서 머스크는 전기 차 동맹군을 만들어 새로운 전기 차 생태계를 조성하기 위해 자신의 기술을 공개하는 승부수를 던진 것이다. 물론 기존의 내연기관 카르텔이 워낙 강력하기 때문에 머스크의 기술 공개 전략이 성공할 것이라고 장담할 수는 없지만 동맹을 통한 성장 전략은 머스크에게 새로운 기회를 제공할 것이다.

어떤 기업이 혁신을 통한 이익을 혼자 독차지하겠다고 마음먹는다면 일시적으로는 이윤을 높일 수 있겠지만, 결국에는 작은 시장을 지배하는 데 그치거나 또는 새로운 기술이 자리 잡기도 전에 기존의 시장 지배자들에 밀려 사라질지 모른다.

반면 동맹을 만들어 기술을 제휴하고 이윤을 나누면 당장은 손해를 보는 것처럼 보일지라도 새로운 시장을 확대하고 그 표준을 주도해나감으로써 미래에는 더 큰 이득을 얻을 수 있다. 역전을 꿈꾸는 기업이라면 동맹과 제휴를 통해 자신이 이끌어나가는 하나의 시장 생태계를 조성해야 한다.

6

성과가 적어도
중심은 지켜라

인터넷 경매 사이트 이베이가 초반부터 폭발적인 성장을 했음에도 창업자 오미디야르는 무려 9개월 동안이나 본래 다니던 직장에서 계속 프로그래머로 일을 했다. 그리고 이베이로 얻은 수입이 월급을 몇 십 배 이상 앞지르자 그제야 다니던 직장을 그만두고 이베이에만 전념했다. 우리는 흔히 성공한 벤처기업가들이 가능성이 희박한 사업에 과감하게 도전해 성공한 것으로 잘못 알고 있는 경우가 많다. 이는 대체로 나중에 포장된 것에 불과하다.

행동하고 싶을 때마다 중심으로 들어가라. 그것이 첫째 요건이다.
그다음, 그 중심 속에서 행위가 일어나게 하라.
그러면 무엇을 하든 옳을 것이다.

— 오쇼 라즈니쉬, 《42장경 1》에서

왜 중심을 놓지 않아야 하는가

웅진그룹은 1980년 직원 일곱 명에 자본금 7000만 원의 작은 학습 교재 회사인 헤임인터내셔널에서 시작되었다. 그런데 회사를 설립하자마자 정부가 과외 금지 조치를 발표하면서 사교육 시장에 큰 위기가 찾아왔다.

하지만 당시 문화교육부가 '학습 테이프를 상품화하는 것은 과외 금지 조치와 관계가 없다'는 유권해석을 내놓으면서, 과외 금지가 오히려 웅진에게는 큰 기회가 되었다. 과외 금지로 인해 가정용 학습지가 새로운 사교육 대안으로 떠오른 것이다. 특히 과외 금지로 유명 학원 강사들의 몸값이 크게 낮아졌기 때문에 예전 같으면 꿈도 못 꾸었을 스타 강사들을 쉽게 영입할 수 있었다.

여기에 윤석금 회장의 노하우가 더해졌다. 윤석금 회장은 웅진을 창업하기 전 브리태니커 백과사전을 세계에서 가장 많이 팔았던 기록을 보유하고 있을 만큼 방문판매에 뛰어난 노하우를 가지고 있었다. 웅진의 전신이었던 헤임인터내셔널은 이 같은 노하우를 십분 활용해 전국적인 방문판매망을 구축하고 빠르게 시장을 확대해나갔다.

1983년에는 회사 이름을 웅진으로 바꾸고 신규 사업에 진출하기 시작했다. 특히 정수기 회사인 웅진코웨이를 설립해 특유의 방문 관리 시스템으로 큰 성공을 거두었다. 신규 사업 성공에 핵심적인 역할을 했던 것은 바로 웅진그룹이 오랜 세월 쌓아온 방문판매 노하우였다.

성공에 취한 웅진그룹이 극동건설과 서울상호저축은행, 웅진폴리실리콘 등 웅진의 핵심 경쟁력인 방문판매와 전혀 관계 없는 사업에까지 손을 대기 시작하면서 2010년에는 계열사가 무려 31개로 늘어났다.

그러나 핵심 경쟁력과 관련 없는 업종에서는 과거 웅진그룹의 성공을 이끌었던 전략들이 통하지 않았다. 마구잡이로 인수한 기업들의 경영 상태가 급속히 악화되자 그룹 전체가 흔들리기 시작했다. 결국 2012년 극동건설이 부도나자 지주회사인 웅진홀딩스마저 기업 회생 절차에 들어가고 말았다.

웅진이 위기에 빠졌던 가장 큰 이유는 과거의 성공을 이끌었던 핵심 경쟁력과 아무런 관련이 없는 업종으로 마구잡이식 확장을 했기 때문이다. 물론 산업 환경의 변화에 따라 업종을 다각화할 필요는 있지만 그런 경우에도 자신의 핵심 경쟁력을 충분히 활용할 수 있는 전략적인 선택을 해야 한다. 기업이 중심을 잃고 흔들리면 순식간에 무너질 수도 있기 때문이다.

웅진은 극동건설의 부도 이후 과감하게 계열사를 정리하는 결단을 내렸다. 계열사가 10여 개로 줄어든 대신 회생의 길이 나타나기 시작했다. 2013년 이후 매출이 회복되면서 부채 비율은 빠르게 낮아졌다. 다시 그룹의 핵심 경쟁력, 즉 중심을 찾아나간 덕분이었다.

기존 사업이 성장 정체를 겪기 시작할 때쯤이면 지금까지 자신을 키워준 핵심 경쟁력을 잊어버리기 쉽다. 이 때문에 자신의 소중한 사업 기반을 버리고 새로운 산업만 찾아 헤매는 경우도 많다. 하지만 기업의 중심을 버리는 것은 결코 현명한 선택이 아니다.

이 같은 사실은 이미 다양한 통계와 연구로 확인되고 있다. 미국의 저명한 경영학자이자 하버드 대학 교수인 마이클 포터Michael Porter가 미국의 33개 기업의 사업 다각화 사례를 연구했다. 그 결과 사업 다각화를 시도한 기업 대부분이 이득을 보기보다 손해를 본 것으로 나타났다.[1]

세계적인 컨설팅 회사 KPMGKlynveld Peat Marwick Goerdeler도 이와 비슷한 조사 결과를 내놓았다.[2] 기업이 새로운 사업을 시작하겠다고 다른 기업을 인수하거나 합병한 경우 절반 이상이 주주가치 하락을 경험했다. 주주가치가 높아진 경우는 15퍼센트에 불과했고, 나머지 3분의 1 이상은 유의미한 차이가 없는 것으로 나타났다.

과거 우리나라 대기업 집단이 끝없는 사업 확장을 통해 큰 성공을 거두었던 것을 떠올리면 매우 의외의 연구 결과라고 생각할 수 있다. 하지만 과거 우리나라 대기업 집난이 마구잡이로 사업 분야를 확내하고도 성공할 수 있었던 데는 다른 이유가 있다. 우리 경제가 미성숙 단계였던 탓에 새로운 분야에 진출해도 이렇다 할 국내외 경쟁자가 없었던 것이다.

지금은 어떤 분야에 진출하든 수많은 경쟁자와 치열한 경쟁을 벌여야 한다. 따라서 자신의 핵심 경쟁력을 버리고 마구잡이로 새로운 사업을 벌이게 되면 과거와 달리 실패할 확률이 훨씬 높을 수밖에 없다. 실제로 마구잡이식 사업 확장으로 수많은 대기업이 등장했던 1970~1980년대와 달리 2000년대 이후에는 사업 다각화를 통해 새로운 대기업이 등장한 사례를 찾아보기가 쉽지 않다. 유행을 따르듯이 지금 뜨는 새로운 사업만 쫓아다닐 것이 아니라 다양한 산업 중에서 자신의 장점을 가장 잘 활용할 수 있는 분야를 골라내고 핵심 경쟁력을 십분 활용해 우위를 선점해야 기업이 산다.

중심을 버린 소니 vs. 중심을 지킨 레고

소니는 1946년 폭격으로 반쯤 무너진 도쿄 니혼바시日本橋 백화점에서 진공관 라디오 수리점으로 시작했다. 2차 대전 직후였던 당시에는 물자가 부족했기 때문에 라디오를 고쳐 쓰려는 손님들의 발길이 끊이지 않았고 덕분에 소니는 큰돈을 벌 수 있었다.

1940년대 말에는 일본 최초의 테이프리코더와 전기밥솥을 개발해 본격적인 제조업체로 성장하기 시작했다. 그리고 휴대용 카세트플

휴대용 카세트플레이어인 소니의 워크맨은 제품 이름이 보통명사처럼 쓰일 정도로 한 시대를 상징하는 아이콘이었다.

레이어인 '워크맨Walkman'으로 세계시장을 석권하면서 눈부신 성장을 거듭했다.

성공에 도취된 소니는 1980년대 후반에 들어서면서 전자제품 생산업체로 만족하지 않고 영화나 음악 같은 콘텐츠 시장까지 장악하려고 했다. 소니를 성장시킨 원동력이었던 전자제품을 경시하고 새로운 산업으로 달려가고 싶은 욕망을 제어하지 못했다. 1987년 당시 소니 회장이었던 오가 노리오大賀典雄는 "이제 제조업의 기술력은 평준화되었기 때문에 더 이상의 혁신이 나오기 어렵다"고 선언하고 콘텐츠에만 집중적으로 돈을 퍼붓기 시작했다.

소니는 1988년 세계적인 음반 회사인 CBS 레코드를 인수해 소니 뮤직 엔터테인먼트로 이름을 바꾸었다. 또 1989년에는 대표적인 할리우드 영화 제작사인 컬럼비아 픽처스까지 인수해 소니 픽처스 엔터테인먼트를 만들었다.

물론 콘텐츠에서 더 큰 부가가치가 창출되고 있었기 때문에 어느 정도 시대를 앞서간 측면이 있었던 것은 사실이다. 문제는 콘텐츠 투자에는 아낌없이 돈을 쏟아부은 반면 전자제품은 더 이상 투자해봤자 거기서 거기라고 생각하고 신제품 연구 개발R&D이나 마케팅 투자를 철저히 외면했다는 점이다.

전자제품이라는 핵심 경쟁력을 거의 버리다시피 하고 콘텐츠 사업만 무리하게 확장한 결과, 소니는 1995년에 1조 엔(약 10조 원)이 넘는 엄청난 부채를 지게 되었다. 본래의 핵심 경쟁력을 무시한 탓에 위기를 맞았는데도 소니는 비용을 절감하겠다며 전자제품에 대한 투자를 더욱 줄이는 위기 경영에 들어갔다.

주력 산업을 거의 버린 구조조정의 결과는 참담했다. 2000년 한 주에 3만 엔(약 30만 원)이 넘었던 소니 주가는 3년 뒤인 2003년에는 2800엔대, 2009년엔 1500엔대까지 추락했다가 2017년에야 겨우 3000엔대로 회복되었다. 17년 동안 주가가 오르기는커녕 거의 10분의 1 수준으로 추락한 것이다.

물론 소니가 진출한 콘텐츠 산업 중에는 성공한 경우도 있었다. 하지만 워낙 많은 분야에 투자해놓은 덕에 몇몇 사업에서 히트를 쳤을 뿐, 전체적인 투자 대비 성과는 형편없었다.

2012년 히라이 가즈오平井一夫 사장이 취임한 이후 전자 산업에 대한 대대적인 투자로 다시 회생의 길을 걷기 시작했지만 전자제품으로 세계를 제패했던 과거의 영광을 완전히 되돌리기에는 아직 역부족이다.

새로운 산업을 찾아 오랫동안 헤맸던 소니와 달리 핵심 경쟁력을 유지하면서 끝없이 새로운 변신을 시도해온 기업도 적지 않다. 덴마크의 대표 기업인 레고는 경제 불황, 기술이나 소비 트렌드의 변화 속에서도 지속적으로 성장해온 기업이라고 할 수 있다.

1932년 덴마크 작은 마을의 목수였던 올레 키르크 크리스티얀센Ole Kirk Christiansen은 세계적인 경제 대공황으로 일감을 찾지 못해 어려움을 겪고 있었다. 하지만 아무리 경제가 어려워도 아이들에게 장난감을 사주려는 부모는 늘 있을 것이라 생각하고 아이들을 위한 정교한 장난감을 만들기 시작했다.

워낙 손재주가 좋았던 크리스티얀센의 장난감은 극심한 경제 위기 속에서도 점점 인기를 끌면서 날개 돋친 듯이 팔려나갔다. 1934년 아예 회사를 설립한 크리스티얀센은 '잘 논다'라는 의미의 덴마크어 '레그 고트leg godt'에서 레고라는 회사 이름을 따왔다.

1940년대에 들어서자 레고는 신소재였던 플라스틱을 활용한 장난감 블록을 만들기 위해 끊임없이 연구했다. 하지만 당시 기술로는 블록이 쉽게 결합하고 한 번 결합하면 잘 떨어지지 않게 하는 것이 상당히 어려운 일이었다. 오랜 연구 끝에 1958년 드디어 현재와 같은 형태의 레고 블록이 탄생했다.

이후 승승장구하던 레고는 1990년 최악의 위기를 맞았다. 레고 블록의 특허권이 만료되면서 레고와 유사한 제품이 봇물 터지듯 쏟아져 나온 것이다. 때마침 닌텐도와 같은 가정용 게임기의 등장과 컴퓨터 게임의 보급으로 어린이들이 블록 대신 게임기를 갖고 놀면서 레고는 사상 최대의 적자를 기록했다.

레고는 더 이상 블록에만 의존해서는 안 된다고 생각하고 새로운 사업을 찾기 위해 외부에서 CEO를 영입했다. 새로 영입된 CEO는 블록 생산을 크게 줄이는 대신 전자 게임이나 온라인 프로그램 등 해마다 다섯 개 이상의 신규 프로젝트를 시작하기로 했다. 하지만 결과는 참담했다. 5년 뒤 레고는 매출이 30퍼센트나 줄어들면서 총체적 위기에 빠져들었다.

레고는 핵심 경쟁력과 관계없이 마구잡이로 확장했던 사업이 모두 실패로 끝난 것을 깨달았다. 이처럼 위태로운 상황에서 레고는 전략 개발 담당자였던 36세의 외르겐 비그 크누스토르프Joergen Vig Knudstorp를 새로운 CEO로 발탁하는 파격적인 인사를 단행했다.

레고 역사상 최악의 위기에 취임한 크누스토르프는 취임사에서 "레고라는 기업이 사라지면 사람들은 무엇을 가장 그리워할까?"라는 간단한 질문을 직원들에게 던졌다. 레고사 직원이라면 누구나 그 답을 알고 있었다. 모두가 그리워할 것, 그것은 바로 오늘의 레고를 만든 블록이었다.

레고는 핵심 경쟁력인 블록으로 되돌아가 컴퓨터 게임이 넘쳐나는 시대에도 어린이들을 사로잡을 수 있는 레고 블록을 개발하기 시작했

레고 역사상 최악의 위기에 취임한
레고의 신임 사장은 물었다.
"레고라는 기업이 사라지면
사람들은 무엇을 가장 그리워할까?"
대답은 당연히 모두가 가지고 놀았던 '레고 블록'이었다.
핵심에 집중하는 것, 위기 돌파의 열쇠가 되었다.

1958년 나온 레고 시스템, 2004년 최악의 위기에 빠졌던
레고는 다시 주력 사업인 블록에 집중해 키덜트까지 시장
을 확대하면서 경쟁력을 회복하기 시작했다.

다. 여기에 어린 시절 레고를 갖고 놀았던 어른들, 즉 키덜트Kidult로 시장을 넓혀나가면서 레고는 다시 경쟁력을 회복하기 시작했다. 그 결과 2015년에는 장난감 업계의 전통적 강자였던 미국의 마텔Mattel사를 누르고 당당히 업계 1위에 등극하기도 했다.

이처럼 핵심 경쟁력인 블록으로 돌아가 회생에 성공한 레고는 2017년 들어 다시 13년 만에 매출이 감소하는 위기를 맞고 있다. 스마트폰의 영역이 갈수록 확장되면서 블록 시장이 더욱 위축되었기 때문이다. 이에 대응하여 레고는 전통적인 블록 장난감에 모터와 센서를 장착하고, '스타워즈'나 '배트맨' 등의 영화와 연계한 야심작들을 내놓고 있다. 블록이라는 레고의 중심을 지키면서 또다시 위기 돌파를 모색하고 있는 것이다.

소니와 레고 모두 위기를 맞이하자 핵심 경쟁력을 버리고 시류에 편승하려고 했던 공통점을 가지고 있다. 하지만 그 시도가 실패로 끝난 다음의 전략은 완전히 달랐다. 소니는 주력 사업을 더욱 축소하고 핵심 경쟁력과 관계없는 사업에 몰두한 반면, 레고는 핵심 경쟁력인 블록으로 돌아가 이를 기반으로 시장을 확장하는 전략을 사용했다. 그 결과는 너무나 큰 차이를 낳았다.

위기가 닥쳐오면 기업 입장에서는 이를 극복하기 위해 당연히 새로운 시도를 해야 한다. 하지만 새로운 산업에 도전한다며 중심을 잃고 헤매기 시작하면 기업의 몰락만 앞당길 뿐이다. 기업의 핵심 경쟁력, 즉 중심을 굳건하게 지키면서 새로운 도전에 나서는 것이야말로 후발 주자들의 역전은 물론 기존 시장 지배자들의 수성에 필요한 가장 중요한 열쇠일 것이다.

•
•

중심을 지키며 역전의 전략을 세워라

전략 1 | 될성부른 '중심'을 골라라

《손자병법孫子兵法》은 전쟁을 다룬 병법서지만 아이러니하게도 전쟁을 추천하지 않는다. 《손자병법》'모공謀攻' 편은 "백전백승이 결코 최상의 전략은 아니다. 싸우지 않고 적을 굴복시키는 것이 최상의 방법이다"라고 강조하고 있다. 그리고 전쟁이 필요할 경우에는 먼저 상대방의 전력과 자신의 전력을 정확히 파악하여 반드시 이길 수 있는 경우에만 전쟁을 해야 한다고 강조한다.

상황의 유불리를 따져보지 않고 무모하게 전투를 벌이는 장수가 매번 승리하기를 바라는 것은 요행을 바라는 것이나 다름없다. 가장 뛰어난 장수는 이길 가능성이 희박한 상황에서 무모한 싸움을 벌이는 것이 아니라 승리할 수 있는 모든 조건을 만들어놓고 자신에게 유리한 전쟁터에서만 싸움을 한다.

경영에서도 자신에게 가장 유리한 전쟁터를 찾아내는 것이 가장 중요하다. 특히 기업의 중심으로 삼을 핵심 산업이나 업종을 택할 때는 분야별 수익률을 면밀히 검토할 필요가 있다. 업종별로 경쟁 환경이나 산업 생태계가 완전히 달라서 수익률이 한 번 고착화되면 좀처럼 변하지 않기 때문이다.

실제로 1990년부터 20년 동안 미국의 산업별 평균 자기자본수익률을 분석해보면 흥미로운 사실이 드러난다. 화장품이나 제약 산업의 수익률은 20퍼센트, 담배 산업의 경우는 무려 40퍼센트에 육박할 정도로 높은 수익률을 보였지만 컴퓨터와 주변기기의 수익률은 고작 7퍼센트에 불과했다. 항공사들은 -10퍼센트로 심지어 손해를 보았다. 도대체 업종별로 왜 이렇게 큰 차이가 난 것일까?

하버드 경영대학원의 신시아 몽고메리Cynthia A. Montgomery 교수는 이런 차이가 벌어진 것은 담배 산업의 CEO들이 모두 뛰어난 반면 항공 산업의 CEO들은 모두 무능했기 때문이 아니라, 산업에 따라 경쟁 구조와 특성이 완전히 다르기 때문이라고 역설했다.[3]

담배나 화장품, 제약 분야의 산업은 대체로 후발 주자의 신규 진입이 어려운 데다 제품에 따른 차별성이 크기 때문에 비슷한 제품이 등장한다고 해도 소비자들이 쉽게 옮겨가지 않는다. 따라서 평균적으로 높은 수익률을 보이게 된다.

이에 비해 컴퓨터와 주변기기, 가구, 소매업 등 신규 진입이 상대적으로 쉬운 분야의 산업은 수익성이 낮아지는 경우가 많다. 수많은 경쟁자가 등장하는 데다 한계 기업들이 퇴출되지 않고 시장에 남아 경쟁적으로 가격을 인하하는 무한 경쟁이 벌어지기 때문이다. 특히 기존 제품을 쉽게 모방할 수 있고 차별성이 크지 않을 때 가격이 가장 중요한 경쟁 요인이 되는 경우가 많다.

이렇게 시장마다 특성이 다르기 때문에 차별화된 기술력이 있는지, 뛰어난 가격 경쟁력이 있는지 등에 따라 자신에게 맞는 유리한 시장을 찾아내고 가장 수익률을 높일 수 있는 유리한 전쟁터를 골라야 한다. 시대의 트렌드에 편승하여 자신에게 불리한 전쟁터에서 핵심으로 삼을 업종이나 산업을 택하는 것은 매우 무모한 일임을 명심해야 한다.

더구나 업종별 시장 구조는 한 번 확립되면 웬만한 외부 충격 없이는 쉽게 바뀌지 않는다. 따라서 시장의 패러다임을 바꿀 만큼 혁신적인 기술을 갖고 있는 것이 아니라면 시장 구조를 바꾸겠다는 목표를 세우는 것보다는 기존의 시장 구조를 정확하게 파악하고 이를 유리하게 활용할 치밀한 전략을 세우는 것이 승산을 높이는 우월한 전략이다.

이런 접근 방식은 기업이 아닌 조직 내의 개인 차원에서도 적용될 수 있다. 역전을 꿈꾸는 사람이라면 어떤 상황에서도 흔들리지 않을 자기중심을 잡아나가는 것이 무엇보다 중요하다. 이를 위해서는 자신의 강점과 약점을 철저히 분석하여 강점을 강화하는 방식으로 중심을 찾아야 한다. 지금 당장만 생각한다면 약점을 보완하는 것이 더 나아 보일지 모른다. 하지만 장기적으로는 발전 가능성이 큰 강점에 집중해 지속적으로 성장시켜나가는 것이 더 현명한 전략이다.

전략 2 | 안정적인 수입원은 반드시 지켜라

이란계 미국 이민자의 아들인 피에르 오미디야르Pierre Omidyar는 1995년 옥션웹Auction Web이라는 인터넷 경매 사이트를 만들었다. 그는 경매 사이트가 잘 작동되는지 테스트하기 위해 고장 난 레이저 포인터를 경매 사이트에 올렸는데, 그만 그 레이저 포인터가 고객에게 낙찰되고 말았다.

고객이 고장 난 제품인 줄도 모르고 낙찰받았을 것이라고 걱정한 오미디야르는 고객에게 사실을 알리고 환불해주기 위해 전화를 걸었다. 하지만 고객은 자신이 고장 난 레이저 포인터 수집가라면서 고장 난 것을 알고 샀으니 물건을 그냥 보내달라고 했다.

고장 난 레이저 포인터조차 찾는 사람이 있다는 것을 직접 경험한 오미디야르는 인터넷 경매 시장의 무한한 가능성을 확신했다. 그리고 본격적인 사업에 나서면서 자신이 만든 인터넷 경매 사이트의 이름을 '이베이'로 바꾸었다. 무엇이든 경매에 붙일 수 있고, 무엇이든 살 수 있는 이베이는 폭발적으로 성장하기 시작했다.

이베이가 초반부터 폭발적인 성장을 했음에도 오미디야르는 무려 9개월 동안이나 본래 다니던 직장에서 계속 프로그래머로 일을 했다. 그리고 이베이로 얻은 수입이 월급을 몇 십 배 이상 앞지르기 시작하자 그제야 다니던 직장을 그만두고 이베이 사업에만 전념했다.

우리는 흔히 세계적으로 성공한 벤처기업가들이 성공 가능성이 희박한 사업에 과감하게 도전해 성공한 것으로 잘못 알고 있는 경우가

216

고장 난 레이저 포인터조차 찾는 사람이 있다는 것을

직접 경험한 오미디야르는

인터넷 경매 시장의 무한한 가능성을 확신했다.

다만 그는 조급하게 퇴사하지 않고 때를 기다렸다.

이베이의 첫 고객인 마크 프레이저(Mark Fraser, 위)는 고장 난 레이저 포인터를 구입해 피에르 오미디야르에게 인터넷 경매 사이트가 성공할 것이라는 확신을 심어주었다.

많다. 이는 대체로 나중에 포장된 것에 불과하다. 실제 성공한 사업가들은 실패해도 다시 일어설 수 있는 안전장치를 유지한 채 새로운 도전에 나선 경우가 많았다.

《티핑 포인트》[4]의 저자로 유명한 말콤 글래드웰Malcolm Gladwell은 미국 시사 잡지 《뉴요커New Yorker》[5]에 기고한 글에서 "많은 기업가들이 엄청난 위험을 감수한다. 하지만 그런 사람들은 보통 실패한 기업가들일 경우가 많고 성공 신화를 쓴 기업가들은 아니다"라고 했다.

조금이라도 빨리 추격과 역전에 성공하겠다는 조급증에 사로잡힌 기업들은 기존의 수익성 낮은 사업을 접고 고수익 사업으로 전환해야 한다는 강박관념에 시달리게 된다. 하지만 아무리 마음이 급하더라도 지금까지 수익을 내던 사업을 모두 내던지고 새 사업에만 올인하는 것은 매우 위험한 일이다.

새로운 사업을 시작할 때는 예측할 수 없는 수많은 변수가 생기기 마련이다. 그런데 안정적인 기존의 수입원을 버린 경우에는 자칫 작은 충격에도 기업 전체가 흔들릴 수 있기 때문에 그런 변수에 대응하기가 어려워진다. 또한 배수의 진을 치게 되면 더 열심히 일할 것이라는 선입견과 달리 실제로는 과도한 걱정과 불안 때문에 새로운 사업에 최선을 다할 수 없는 경우가 많다. 기존 사업을 당장 접어야 할 절박한 상황이 아니라면 새로운 사업이 자리 잡기 전까지는 현재의 안정적 수익원을 지키면서 도전에 나서는 것이 좋다.

전략 3 | 기존의 강점에 새로운 가치를 더하라

이제는 널리 알려진 후지필름Fuji Film Co.의 사례를 살펴보자. 1934년 일본 최초의 영화용 필름을 만든 후지필름은 미국의 코닥과 함께 오랫동안 세계 필름 시장을 양분해왔다. 그런데 2000년대 이후 디지털카메라가 빠르게 보급되면서 필름 카메라 판매가 급격히 줄어들자 회사의 주력 사업이었던 필름 시장이 사라지게 될 최악의 위기를 맞았다.

2003년 후지필름의 신임 회장으로 취임한 고모리 시게타카古森重隆가 가장 먼저 받은 보고서는 필름 시장이 완전히 끝났다는 암울한 내용이었다. 고모리 회장은 "우리에게 필름 시장이 사라진다는 것은 자동차 없는 도요타와 같은 일"이라고 말했다.

자신이 몸담고 있던 시장 자체가 사라지는 절체절명의 상황에서 평범한 경영진이었다면 필름 시장을 버리고 완전히 새로운 시장을 찾아 헤맸을 것이다. 하지만 고모리 회장은 절박한 상황일수록 중심을 잃고 헤매기 시작하면 끝장이라는 점을 잘 알고 있었다.

그래서 닥치는 대로 새로운 분야를 찾아다니기는커녕 오히려 '한번도 해본 적이 없는 사업에는 진출하지 않는다'는 확고한 원칙을 세웠다. 그러고는 위기 돌파의 첫 실마리를 잡기 위해 '우리가 무엇을 가장 잘할 수 있겠는가?'라는 간단하지만 핵심적인 질문의 답을 찾기 시작했다.

답은 간단했다. 후지필름은 세계 최고의 필름 회사였다. 최고의 필름을 개발하는 과정에서 축적된 독보적인 화학 기술이 있었다. 후지필름은 오랜 세월 계속해온 온갖 화학 실험 덕분에 20만 종의 화학 합성 물질에 대한 방대한 데이터를 가지고 있었다. 게다가 광학이나 영상 기술도 세계 최고 수준이었다.

고모리 회장은 이 같은 후지필름의 강점을 활용해 충분히 승부를 걸어볼 만한 산업들을 탐색하기 시작했다. 특히 후지필름의 핵심 경쟁력인 화학 기술을 활용해 단번에 경쟁력 우위를 차지할 수 있는 분야를 선정하기로 했다. 후지필름이 찾아낸 산업은 화장품과 의료, 액정패널용 편광판 같은 미래 산업들이었다.

필름을 오랫동안 보관하다 보면 산소와 접촉해 변성이 된다. 이 때문에 필름 회사는 필름의 보관 기간을 늘리기 위해 변성을 막는 각종 항산화 기술을 발전시켜왔다. 그런데 후지필름은 오래된 필름의 변성 과정이 신체의 노화 과정과 유사하다는 사실을 알아내고 2005년 자신들의 항산화 기술을 활용한 노화 방지용 화장품 개발에 나선 것이다.

또한 필름에 사용된 나노입자 기술을 활용해 항산화 기능을 가진 물질이 피부 깊숙이 들어갈 수 있게 하는 첨단 기술도 개발했다. 덕분에 후지필름 화장품 개발팀은 단 2년 만에 노화 방지용 기능성 화장품 '아스타리프트Astalift'를 출시해 큰 성공을 거두었다.

후지필름의 뛰어난 기술력은 의료 분야에서도 빛을 내기 시작했다. 후지필름은 축적된 화학 합성 기술을 활용해 조류 인플루엔자 치료제인 '아비간Avigan'을 만들었다. 이 약품은 그동안 치료제가 없어 애를 태웠던 에볼라 바이러스에도 효과가 있는 것으로 나타나 의학계

후지필름은 필름을 오래 보관하기 위한 기술 노하우를 응용해 노화 방지용 화장품 아스타리프트를 만들었다.

의 큰 관심을 끌었다.

　이러한 성공에 힘입어 고모리 회장은 후지의 뛰어난 화학 기술을 접목시킬 수 있는 분야로 사업을 더 확장하기 위해 40여 개의 회사를 인수·합병했다. 그러면서도 여전히 '본업에서 벗어나지 않고, 기존 기술을 최대한 활용해 확장을 시도한다'는 기존 원칙을 굳건히 지켜나갔다.

　그 결과 필름 산업이 비교적 건재한 편이었던 2000년 1조 4000억 엔(약 14조 원)이었던 후지필름의 매출액은 필름 산업이 완전히 무너진 2015년에 오히려 2조 5000억 엔(약 25조 원)으로 불어났다. 후지필름은 여전히 회사명에 '필름'이라는 단어를 쓰고 있지만 순수하게 필름과 관련된 매출은 이제 1퍼센트도 되지 않는다.

　핵심 경쟁력인 화학 기술을 새로운 산업과 연결시킨 덕분에 1934년 창립된 후지필름은 이제 100년 기업의 위업을 향해 달려나가고 있다. 위기를 넘어 위대한 역전에 나서기 위해서는 중심을 지키되, 기존 강점에 새로운 가치를 더하고 이들 상황에 맞게 최대한 활용·응용해 나가야 한다.

7

구성원의 신념을
끌어올려라

역전을 위한 추격은 매우 어렵다. 특히 시장 내의 경쟁에서 뒤처지기 시작한 경우에는 새로운 동력을 이끌어내기가 더욱 힘들다. 이때 조직을 다시 뛰게 하려면 가혹한 채찍을 들 것이 아니라 모두가 공감할 수 있는 목표나 비전을 만들고 여기에 모든 직원을 동참시키는 것이 중요하다. 위기에 가장 강한 기업은 조직의 목표가 구성원의 목표와 동일시되는 기업이다.

'심리적 안정감'이야말로 직원들이
모험적인 도전을 시도하는 안정적 기반이 될 수 있다.

— 에이미 에드먼슨(Amy C. Edmondson), 하버드 대학 교수,
변화관리 리더십 분야의 세계 최고 권위자

회사가 날아가도 해고는 없다

나가모리 시게노부永守重信는 1944년 일본 교토에서 6남매의 막내로 태어났다. 그는 어려운 가정 형편 탓에 장학금을 많이 주는 직업학교에서 전기를 전공하고 음향 기기 회사에 취직했으나, 이후 월급을 모아 직원이 세 명밖에 되지 않는 전기 모터 회사 '일본전산'을 창업했다.

사업이 조금씩 궤도에 오르자 그는 처음으로 신입 사원 공채를 했다. 하지만 워낙 회사 규모가 작았던 탓에 찾아오는 인재가 거의 없었다. 그러자 나가모리 사장은 황당한 방법으로 신입 사원을 뽑기로 했다. 160명의 지원자들 중에서 서류와 면접으로 절반을 남긴 다음 이들에게 도시락을 나누어주고 가장 빨리 먹은 순서대로 세 명을 합격시킨 것이다.

그러자 지역 언론들이나 주변 사람들은 나가모리 사장이 회사를 망하게 하려고 작정했다고 비난했다. 그는 비난에도 아랑곳하지 않고 그 뒤에도 가장 큰 소리로 말하기나 화장실 청소하기 등 독특한 방법으로 직원들을 뽑았다.

물론 나가모리 사장도 처음에는 다른 회사들처럼 명문대를 나온 '인재'를 뽑고 싶었다. 하지만 아무리 신입 사원 모집 공고를 내도 그런 인재가 찾아오지 않자 차라리 일본전산을 위해 최선을 다할 직원을 찾아내 무한한 열정과 자부심을 불어넣어주는 것이 낫겠다고 판단한 것이다.

그의 예상은 적중했다. 일본전산은 창업 40여 년 만에 계열사 140개, 매출 1조 1800억 엔(약 12조 원), 직원 수 9만 명에 이르는 일본을 대표하는 초정밀 모터 전문 회사로 성장했다. 물론 최근에는 직원을 뽑는 방법이 달라졌지만 그동안 일본전산에서 놀라운 혁신과 발명을 이끌어낸 것은 이렇게 독특한 방법으로 뽑힌 직원들이었다. 도대체 어떻게 된 일일까?

나가모리 사장은 개인의 능력 차이는 아무리 커도 다섯 배를 넘지 않지만 의식의 차이는 100배의 격차를 낳는다고 강조한다. 즉 이미 능력을 갖춘 완성형 인재를 뽑는 것보다 자신이 뽑은 직원들에게 뜨거운 열정과 신념, 그리고 자부심을 불어넣는 것이 훨씬 중요하다는 것이다.

일본전산은 다양한 방법으로 뽑힌 직원들에게 열정과 자부심을 불어넣기 위해 온갖 노력을 다했다. 일본전산은 직원의 실수에 대해 호되게 질책하는 것으로 유명했지만 대신 어떤 일이 있어도 직원을 해고하는 것은 피했다. 또한 혁신과 도전에 나서는 직원들을 최대한 지원하고 성과에 대해서는 확실하게 보상했다.

2008년 글로벌 금융 위기 때 이 같은 경영 원칙의 단면을 보여주는 일이 일어났다. 세계적인 경제 위기로 극심한 경기 불황이 시작되자 어떠한 불황에서든 단 한 번도 적자를 보지 않았던 일본전산의 매출이 절반으로 줄어들어 무려 1200억 엔(약 1조 2000억 원)의 적자를 볼 위기에 처했다.

임원진은 기업을 살리기 위해 직원들을 정리 해고하자고 제안했다. 하지만 고민하던 나가모리 회장은 "회사가 날아가도 해고는 없다"고 선언했다. 그리고 월급을 삭감하는 대신 자신의 급여 30퍼센트와 직급에 따라 직원들의 급여 3~5퍼센트를 따로 떼어 기업의 위기 상황에 대비해두자고 제안했다.[1] 직원을 해고하지 않은 대신 이익률을 두 배로 만드는 비상 경영 체제에 돌입한 것이다. 근무 강도는 더욱 높아졌지만 직원들은 소중한 평생직장을 지켜내기 위해 온 힘을 다해 노력하기 시작했다. 그들은 경영 위기 앞에서 위축되기는커녕 오히려 더욱 강한 신념과 자부심으로 무장하기 시작했다.

나가모리 회장이 내놓은 두 번째 비상 경영 조치는 직원들 스스로 위기를 돌파할 새로운 아이디어를 내게 한 것이다. 어떤 위기에서도 자신을 해고하지 않는 소중한 회사를 지키기 위해 직원들은 회사를 살릴 방안을 내놓기 시작했다. 일본전산은 직원들의 아이디어를 토대로 설계부터 생산까지 모든 공정을 뜯어고쳐 비용을 크게 절감하고 이윤을 늘렸다.

이런 노력의 결과 다른 회사들은 모두 적자에 허덕이던 글로벌 경제 위기에도 일본전산은 흑자 전환에 성공했다. 그리고 경기가 회복되기 시작한 2010년에는 우리 돈으로 1조 원이 넘는 역대 최대 수익을 올렸다. 당시 매출은 4퍼센트가 줄었지만 직원들의 자발적인 비용 절감 노력으로 영업이익은 무려 151퍼센트나 급증했다.

일본전산이 대규모 적자 위기에서 벗어나 큰 이익을 내기 시작하자 나가모리 회장은 글로벌 경제 위기 당시 월급에서 따로 떼어 적립했던 직원들의 돈에 이자까지 붙여 돌려주라고 지시했다. 이와 같은 일련의 조치는 직원들이 회사에 대한 열정과 자부심을 가지고 자신의 한계를 뛰어넘어 새로운 도전에 나서게 만드는 강력한 원동력이 되었다.

일본전산의 사례처럼 신념과 자부심으로 무장한 직원들은 그 어떤 글로벌 인재들보다 뛰어난 성과를 이루어낸다. 지금처럼 경제 환경이 급변하는 상황에서는 한두 명의 스타 플레이어에게 의존하는 것보다 모든 직원을 신념과 자부심으로 무장시키는 것이 훨씬 효과적이다. 조직 내부의 다양성을 높여 위기 대응 능력을 끌어올릴 수 있기 때문이다.

평가는 헌신을 만들지 못한다 : 톰 소여 효과

어떤 기업의 수익 구조가 악화되면 당장 급한 불을 끄기 위해 위기 경영에 들어가는 경우가 많다. 그런데 지속적인 수익성 악화가 시작된 기업이 상황을 역전시키고 더 나은 내일을 만들 새로운 비전을 제시하지 못한 채 직원들에게 위기 경영만 강요하면 어떻게 될까? 직원들이 당장은 비용 절감을 위해 노력해도 결국에는 수익성이 다시 악화될 것은 불을 보듯 뻔한 일이다.

역사의 뒤안으로 사라져버린 많은 기업이 몰락의 원인을 직원 탓으로 돌리고 직원들에게 채찍을 가해 성과를 더 올리겠다며 사소한 실수만으로도 저성과자로 낙인찍고 퇴출시키는 가혹한 인사 시스템을 강화한 바 있다. 하지만 이런 가혹한 인사 시스템은 오히려 전체 구성원들의 자발적인 열정이나 노력을 약화시키는 역효과를 가져오는 경우가 많았다.

채찍이 강해질수록 그 채찍만 모면하려 하게 되고 회사의 평가 기준에만 맞추려고 애쓰게 되어 그 평가 기준을 넘어서는 헌신은 전혀 기대할 수 없게 된다. 그러면 당장의 성과는 높일 수 있을지 몰라도 실패에 대한 두려움이 커지면서 창의적인 인재들의 도전을 크게 위축시키는 부작용을 가져온다.

역전을 위한 추격은 매우 어렵다. 특히 시장 내의 경쟁에서 뒤처지기 시작한 경우에는 새로운 동력을 이끌어내기가 더욱 힘들다. 이때 조직을 다시 뛰게 하려면 가혹한 채찍을 들 것이 아니라 모두가 공감할 수 있는 목표나 비전을 만들고 여기에 모든 직원을 동참시키는 것이 중요하다. 위기에 가장 강한 기업은 조직의 목표가 구성원의 목표와 동일시되는 기업이다. 모든 구성원이 공동의 목표를 좇기 시작하면 직원들의 사기는 높아지고 목표를 달성할 확률도 커진다.

직원들의 뜨거운 열정이야말로 몰락해가던 기업이 다시 대역전에 나서는 데 가장 중요한 원동력이다. 그렇다면 어떻게 조직의 모든 구성원에게 신념과 자부심을 심어주고 회사 일에 열정적이고 자발적으로 뛰게 만들 수 있을까? '톰 소여Tom Sawyer 효과'[2]에서 그 단서를 찾을 수 있다.

어느 화창한 토요일에 폴리 이모는 톰 소여의 거듭된 말썽에 화가 치밀었다. 그래서 30미터나 되는 긴 울타리를 톰 혼자서 페인트칠을 하게 했다. 톰은 노예이자 친구인 짐에게 자신이 갖고 있던 잡동사니를 주면서 자기 대신 페인트칠을 해달라고 부탁했지만 보기 좋게 거절당하고 말았다.

그러다 문득 멋진 꾀가 떠오른 톰은 아주 신나고 즐거운 표정으로 울타리 칠을 하기 시작했다. 마침 지나가던 친구 벤이 페인트칠하는 톰을 놀리기 시작했다. 하지만 톰은 뜻밖의 대답을 했다. "내가 지금 일을 한다고? 나는 이 일이 너무 재미있어 죽겠어. 우리 같은 어린이가 울타리에 페인트칠할 기회가 흔한 줄 아니?"

톰의 말에 솔깃해진 벤은 페인트칠에 관심이 생기기 시작했지만 톰은 쉽게 페인트칠할 기회를 주지 않았다. "폴리 이모가 굉장히 신경을 쓰셔서 안 돼. 이걸 솜씨 좋게 칠할 수 있는 어린이는 1000명이나 2000명 중에 한 사람밖에 없을 거라고 하셨어." 톰은 벤을 더욱 자극

톰은 남에게 일을 시키려면
'그 일이 대단하다'고 생각하게 만들면 된다는
위대한 법칙을 발견했다.
미래경영학자 대니얼 핑크는 이를 '톰 소여 효과'라고 불렀다.

벤은 자신이 가지고 있던 사과를 톰에게 주고 간곡히 부탁해 간신히 페인트칠
을 할 수 있는 영광을 얻었다.

했다. 결국 벤은 자신이 가지고 있던 사과를 톰에게 주고 간곡히 부탁해서 간신히 페인트칠을 할 수 있는 영광을 얻었다.

벤뿐만 아니라 뒤이어 나타난 아이들 모두 자신이 아끼는 물건을 톰에게 바치고 페인트칠을 하게 해달라고 너도나도 매달렸다. 톰은 친구들의 선물을 챙겨 나무 그늘에서 쉬면서 반나절도 안 되어 페인트칠을 마쳤다. 《톰 소여의 모험The Adventures of Tom Sawyer》의 저자인 대문호 마크 트웨인Mark Twain은 여기에 놀라운 통찰을 던진다.

"톰은 남에게 일을 시키려면 그 일이 대단하다고 생각하게 만들면 된다는 위대한 법칙을 발견한 것이다."

1960년대까지만 해도 경영학계는 저성과자를 채찍질하고 고성과자를 돈으로 보상하면 효율적인 조직이 될 것이라고 단순하게 생각했다. 하지만 인간의 심리는 그렇게 간단하지 않았다. 어떤 가혹한 채찍이나 좋은 보상으로도 톰 소여의 친구들처럼 자부심을 갖고 일하는, 과정을 즐기는 사람들을 따라잡을 수 없다는 증거가 속속 드러나기 시작한 것이다.

그중 하나가 미국 스탠퍼드 대학 심리학과 마크 레퍼Mark Lepper 교수의 실험[3]이다. 레퍼 교수는 유치원생을 A와 B의 두 그룹으로 나누고 A그룹에는 그림을 잘 완성하면 선물을 주겠다고 약속했다. 반면 B그룹에는 아무런 약속도 하지 않고 그림을 그리게 했다. 어린이들이 그림을 다 그리자 레퍼 교수는 선물을 약속한 A그룹 어린이뿐만 아니라 B그룹 중에 그림을 완성한 어린이들에게도 선물을 주었다.

그러고 나서 2주 뒤에 다시 어린이들을 찾아왔다. 하지만 이번에는 어떤 그룹에게도 선물을 주겠다는 약속을 하지 않은 채 그림을 그리는 도구와 아이들의 주의를 끌 만한 재미있는 장난감을 여기저기에 놔두었다. 그러자 A그룹 어린이들은 대부분 그림을 그리지 않고 장난감만 갖고 놀았다. 하지만 B그룹에서는 처음과 비슷한 숫자의 어린이들이 흥미를 갖고 오랫동안 열심히 그림을 그렸다.

A그룹과 B그룹 어린이들이 왜 이렇게 큰 차이를 보인 것일까? 특정한 일의 대가로 보상을 약속하면 당장 눈앞의 성과는 높일 수 있지만 일 자체에 대한 흥미는 크게 떨어지게 된다. 보상에만 관심을 갖게되고 일 자체에 대한 열정을 잃어버려 장기적으로는 능률이 더 떨어질 위험이 있다.

가장 큰 문제는 조직의 모든 구성원이 보상을 받을 수 있는 일에만 몰두할 뿐, 보상을 받지 못하는 일에는 노력은커녕 관심조차 갖지 않게 된다는 점이다. 더구나 기업의 평가 시스템은 정형화된 일상적인 업무를 평가하는 데만 적합할 뿐, 자발적인 혁신이나 업무 개선까지 완벽하게 평가하기는 어렵기 때문에 평가만 강화했다고 혁신적인 조직이 되는 것은 결코 아니다.

계량화된 성과 평가에 길들여지면 구성원은 새로운 혁신을 위해 노력하기보다 그 성과 지표를 달성하는 데만 모든 노력을 집중하게 된다. 이 때문에 평가만 내세우는 조직은 계량화가 가능한 업무가 개선된 것처럼 보일지 몰라도 기업의 미래에 더욱 결정적인 영향을 미치는 혁신 노력은 오히려 줄어드는 역효과를 불러올 수 있다.

그러므로 경영 위기에 내몰린 기업이 재도약을 꿈꾸거나 새로운 기업이 극적인 역전을 목표로 삼고 있다면 톰 소여가 친구들에게서 페인트칠에 대한 갈망과 열정을 이끌어낸 것처럼 직원 모두에게 신념과 자부심을 심어주고 이를 통해 열정을 이끌어내는 방법을 찾아내야 한다.

●
●

어떻게 도전하는 조직으로 만들 것인가

전략 1 | 모두를 대의에 동참시켜라

몰락해가는 기업의 경영진들을 보면 자신의 직원들이 회사 일을 내 일처럼 여기지 않고 수동적으로 주어진 일만 한다며 한탄하는 경우가 많다. 더구나 자발적으로 일하지 않고 시켜야만 일을 한다며 모든 문제를 직원 탓으로 돌린다. 그런데 직원들이 회사 일을 내 일처럼 여기지 않는 것이 과연 직원들의 문제일까? 아니면 경영진의 문제일까?

기업마다 직원들의 주인 의식에는 큰 차이가 난다. 만약 모든 직원이 주인 의식을 갖고 있지 않다면 경영진이 그런 직원들만 뽑았거나 직원들을 대하는 방법에 문제가 있다는 뜻이기 때문에 결국 경영진의 문제다.

위기에 처한 기업의 경우 본래 주인 의식이 없는 직원들만 잘못 골라 뽑은 것인지, 아니면 경영진이 직원들을 대하는 방법이 잘못된 것인지는 대단히 중요한 문제다. 주인 의식이 없는 직원들만 뽑은 경우라면 기업을 되살리기 어렵겠지만 경영진이 직원을 대하는 태도에 문제가 있는 것이라면 얼마든지 상황을 바꿀 수 있기 때문이다.

기업의 흥망성쇠를 좌우했던 수많은 경영 혁신 사례를 살펴보면 어떤 직원들을 뽑았느냐보다 직원들을 어떻게 대했느냐가 훨씬 중요했다. 똑같은 직원들이라도 경영진의 전략에 따라 직원들의 신념과 자부심이 완전히 달라지기 때문이다. 파산했다가 극적으로 부활한 일본항공JAL이 대표적인 사례다.

1987년 일본 정부는 공기업이었던 일본항공을 완전히 민영화했다. 당시 일본 정부는 일본항공을 민영화하면 효율성이 높아져 수익도 증가할 것이라고 생각했다. 민영화 이후 일본항공은 공적 역할을 위해 유지했던 수익성 낮은 노선을 대거 폐지하고 교육이나 식음료 분야까지 사업을 확장하면서 수익성이 높아지는 것처럼 보였다.

하지만 사실 민영화 이후 일본항공의 경영 상태는 걷잡을 수 없이 악화되고 있었다. 민영화 이후 일본항공이 공기업과 민영기업의 약점을 동시에 갖게 되었다는 것이 가장 큰 문제였다. 민영화 이후 이렇다할 대주주 없이 정부의 감시와 통제에서 벗어난 상태였기 때문에 쉽게 방만한 경영의 유혹에 빠져들었다.

그러다가 2008년 글로벌 금융 위기가 시작되자 그동안 곪았던 곳들이 터지기 시작하면서 일본항공은 심각한 위기에 빠져들었다. 2009년에는 1000억 엔(약 1조 원)에 이르는 자금을 긴급 수혈받았지만 부실 규모가 눈덩이처럼 불어나면서 결국 2010년에 파산했고 1만 5000명의 직원이 해고 위기에 놓였다.

자칫하면 국적기가 공중 분해될 절체절명의 위기 상황에서 일본 정부는 '경영의 신'으로 불리는 이나모리 가즈오稻盛和夫 교세라京セラ 회장에게 일본항공을 맡아달라고 긴급 요청을 했다. 이나모리 회장은 1959년 교세라를 창업한 이래 반세기 동안 한 번도 적자를 기록한 적이 없는 데다 부실 기업인 미타三田공업을 되살려내는 등 수많은 경영 신화를 이룩해온 인물이었다.

하지만 이나모리 회장의 지인들은 일본항공 회장직 수락을 극구 만류했다. 제아무리 이나모리 회장이라도 일본항공처럼 직원들이 주인의식은커녕 자신의 직장이 공중 분해될 수도 있다는 위기의식조차 없는 기업을 회생시키기는 쉽지 않으리라 생각한 것이다. 하지만 이 같은 반대에도 불구하고 이나모리 회장은 기꺼이 회장직을 수락했다.

최악의 상황에서 일본항공 회장에 취임한 이나모리 회장은 일본항공이 파산한 이유가 직원보다 경영진에게 있다고 생각했다. 경영진이 근본적인 혁신이나 개혁을 할 의지를 갖고 있지 않았기 때문에 심각한 경영 위기 속에서도 변화를 거부했고 그 결과 파산에 이르렀다고 판단한 것이다.

그래서 그는 취임 직후 경영진을 모아놓고 '우리는 왜 망했는가? 왜 우리의 동료들을 해고할 수밖에 없었는가?'에 대해 밤새 토론하게 하고 이를 통해 경영진 스스로 문제의식을 갖게 했다.

아메바 경영으로 유명한 이나모리 회장이 파산 위기의 일본항공 회장직에 취임하자 그의 성공 여부에 큰 관심이 모아졌다.

그는 경영진과 함께 현장을 찾아다니며 "일본항공을 다시 살리려면 여러분의 도움이 필요하다"고 직원들에게 머리 숙여 간청했다. 흔히 경영 위기가 오면 정리 해고 이후 남은 직원들을 압박하며 채찍질을 강화하는 경우가 많다. 하지만 이나모리 회장은 오히려 남아 있는 직원들을 위로하고 그들의 진심 어린 협조를 요청했다.

그리고 모든 직원을 기업의 주인으로 만드는 이나모리 회장만의 독특한 경영 기법인 '아메바 경영'을 일본항공에 도입했다. 아메바 경영은 회사를 10명 이내의 소집단으로 나누고 독립적으로 채산 관리를 하게 하는 경영 기법이다. 아메바 경영으로 세분화된 조직은 마치 하나의 작은 사업체처럼 움직이게 된다. 이 작은 아메바 조직들이 월말에 실적을 서로 비교하기 때문에 부서들의 운영 현황이 한눈에 드러나게 되고 실적이 악화된 조직은 실적 개선을 위해 노력하게 된다. 이 과정에서 직원들은 작은 조직을 직접 경영하면서 회사의 경영 수지 개선에 자신들이 공헌하는 과정을 체험하게 된다. 특히 작은 조직 단위로 움직이기 때문에 업무 개선과 관련한 아이디어가 있으면 이를 곧바로 조직 운영에 적용해보고 결과를 확인할 수 있었다. 업무 개선 결과가 곧바로 실적에 반영되므로 모든 구성원이 혁신에 나서는 강력한 동기가 부여되었고, 나아가 직원들에게 자긍심, 보람, 주인 의식을 불어넣어 적극적이고 능동적으로 일하게 할 수 있었다.

일본항공은 이나모리 회장의 개혁에 힘입어 1년 2개월이라는 짧은 시간 안에 법정관리에서 벗어나 역대 최고의 영업이익을 내는 놀라운 재기에 성공했다. 이나모리 회장이 취임하기 전 일본항공을 파산으로 몰고 갈 만큼 방만했던 바로 그 직원들이 일본항공 부활의 주역으로 변신한 것이다.

직원들에게 신념과 자부심을 불어넣고 주인 의식을 심어주기 위해 아메바 경영만이 정답인 것은 아니다. 아메바 경영에 아무리 장점이 많다고 해도 조직마다 문화가 다르고 업종마다 특성이 다르기 때문에 모든 경우에 아메바 경영이 만병통치약처럼 적용될 수는 없다. 아메바 경영은 직원들에게 신념과 자부심을 심어주는 수많은 전술 중 하나일 뿐이다. 중요한 것은 기업이 추구하는 대의에 모든 직원들을 동참시키는 자신만의 경영 전략이 필요하다는 점이다. 모든 직원이 자부심과 주인 의식으로 무장하고 내 일처럼 회사 일에 최선을 다하는 조직은 그 어떤 강력한 채찍으로도 결코 따라잡을 수 없다. 그리고 그런 조직에게 역전이란 불가능한 구호가 아니다.

전략 2 | 도전정신은 안정감에서 나온다

직원들이 신념과 자부심을 갖고 새롭고 혁신적인 업무에 스스로 도전하도록 하려면 어떻게 해야 할까? 세계적인 IT기업인 구글은 이 질문에 답을 찾기 위해 2013년부터 2년 동안 '아리스토텔레스 프로젝트Project Aristotle'라는 연구 과제를 수행했다.

아리스토텔레스팀은 구글의 일부 부서가 다른 부서들보다 월등한 성과를 올리는 것에 주목했다. 성과가 높은 부서들의 공통점을 분석해 이를 표준화하고 기업 전체로 확대하면 구글 전체의 성과를 높일 수 있을 것이라고 생각하고 성과가 높은 부서의 비결을 찾아내기 위해 다양한 기법으로 연구했다.

그런데 그 연구 결과는 우리의 상식이나 선입견과는 매우 달랐다. 우리는 흔히 조직이 높은 성과를 내려면 부서의 모든 구성원이 일심동체가 되어 단합된 힘을 발휘해야 한다고 예단하기 쉽다. 그러나 아리스토텔레스팀의 연구 결과, 그런 일사불란하고 '단합된 힘'은 부서의 성과와 큰 관련이 없었다.

성과가 높은 부서들의 한결같은 공통점은 팀원들이 자유롭게 의견을 말할 수 있는 개방된 분위기, 팀원 모두가 조직에서 존중받고 있다는 확신, 자신이 조직에서 중요한 일을 하고 있다는 자부심 등이었다.

팀원들이 자유롭게 의견을 말할 수 있는 분위기를 만들려면 어떤 의견에 대해서든 팀장은 물론 동료들의 질책이나 비난을 받지 않을 것이라는 안정감이 있어야 한다. 또 업무를 추진하다가 실패하더라도 규범과 절차를 지켜 성실하게 일했다면 징계나 불이익을 받지 않을 것이라는 확신이 있어야 한다.

팀원들에게 자신이 존중받고 있다는 믿음을 갖게 하려면 무엇보다도 각자가 맡은 일이 조직에 중요하다는 인식을 심어주어야 한다. 이를 위해서는 팀의 목표를 분명히 하고 모든 팀원들을 목표에 동참시키는 한편 팀원 개개인에게 명확한 역할을 부여해 자신이 조직의 중요한 일에 함께하고 있다는 자부심을 심어주는 것이 중요하다.

구글의 아리스토텔레스팀은 직원들에게 심리적 안정감을 제공하는 데 성공한 팀이 팀원 모두를 진취적인 도전자로 만들었을 뿐만 아니라 어김없이 뛰어난 성과를 냈다는 사실을 알아냈다. 이런 팀은 평범한 성과를 내던 팀원으로만 구성된 경우에도 뛰어난 인재가 모여 있는 팀보다 훨씬 더 높은 성과를 냈다.

놀라운 성과를 내기 위해서는 슈퍼스타 같은 뛰어난 인재들이 필요하고 그런 정상급 핵심 인재들이 기업의 성과를 주도한다고 착각하는 경우가 많다. 하지만 아리스토텔레스팀은 실제로 뛰어난 성과를 내기 위해서는 팀원들이 자유롭게 자기 생각을 제안하고 새로운 일에 도전하도록 '안정감'을 주는 것이 훨씬 중요하다는 사실을 알아낸 것이다.

이런 연구 결과는 사실 구글처럼 언제든 뛰어난 인재를 확보할 수 있는 기업보다 역전을 꿈꾸는 신생 기업이나 후발 주자들에게 훨씬 더 중요하다. 뛰어난 인재를 확보하기 힘든 후발 기업이라도 조직을 어떻게 운영하느냐에 따라 얼마든지 뛰어난 성과를 내고 역전에 성

역전을 꿈꾸는 후발 주자일수록

팀원들이 자유롭게 소통하는 개방된 분위기,

팀원 모두가 조직에서 존중받고 있다는 확신,

자신이 조직에서 중요한 일을 하고 있다는

자부심이 있어야 한다.

아리스토텔레스 프로젝트는 세계에서 가장 혁신적인 기업인
구글이 지금까지의 성과에 만족하지 않고, 전 부서의 성과를
최고 수준으로 끌어올리기 시작했다.

공할 수 있기 때문이다.

변화관리 리더십 분야의 세계 최고 권위자인 에이미 에드먼슨 하버드대 교수는 1999년에 발표한 논문에서 '심리적 안정감'이야말로 직원들이 모험적인 도전을 시도하는 안정적 기반이 되어준다고 강조했다.[4] 모든 직원들을 도전하는 인재로 만들어 대역전에 나서고 싶다면 무엇보다 그들에게 심리적 안정감을 제공해야 한다.

전략 3 | 선택권이 성과를 높인다

2015년 방송된 EBS 〈다큐프라임 - 공부 못하는 아이〉[5]를 보면 흥미로운 실험이 하나 나온다. 제작진은 초등학교 4학년 어린이 12명을 두 그룹으로 나눈다. 그리고 첫 번째 그룹의 초등학생 여섯 명에게는 선생님이 한 시간 동안 꼼짝하지 말고 80문제를 모두 풀어야 한다고 근엄한 표정으로 지시하게 했다.

첫 번째 그룹은 선생님의 지시에 따라 처음에는 열심히 문제를 풀기 시작했다. 하지만 20분이 지나자 점점 집중력을 잃더니 나머지 40분 동안은 억지로 문제를 풀었다. 그렇게 가까스로 문제를 푼 학생들에게 제작진이 문제가 쉬웠는지 물어보자 모두들 어려웠다고 대답했다.

두 번째 그룹의 초등학생 여섯 명에게는 80문제를 다 풀라고 일방적으로 지시한 것이 아니라 어떤 과목의 문제를 풀지, 몇 문제를 풀지 스스로 결정하도록 '선택권'을 부여했다. 심지어 중간에 교실을 자유

EBS 〈다큐프라임 – 공부 못하는 아이〉가 보여주는 인간의 심리는 조직이 성과를 더 끌어올리기 위한 전략을 수립할 때도 응용할 수 있다.

롭게 돌아다닐 수 있는 '권한'도 주었다.

그러자 두 번째 그룹의 학생들은 중간중간 놀다가 문제를 풀곤 했다. 노는 시간이 있었음에도 첫 번째 그룹과 달리 집중력이 사라진 상태에서 멍하니 앉아 있는 시간은 없었다. 그 결과 여섯 명 중 다섯 명이 80문제를 다 풀었고 80문제 이상을 푼 학생도 있었다. 더구나 문제가 쉬웠는지 묻는 질문에는 한결같이 쉽고 재미있었다고 대답했다.

더욱 흥미로운 것은 자신이 풀었던 문제를 기억하느냐 기억하지 못하느냐였다. 첫 번째 그룹의 학생들은 여섯 명 중에 단 한 명만 문제를 기억하고 있었지만 '선택권'과 '권한'을 갖고 있던 두 번째 그룹의 학생들은 다섯 명이 문제를 기억했다. 결국 자신이 통제권을 갖고 있을 경우 훨씬 더 문제에 집중할 수 있었던 것이다.

어린이뿐만 아니라 성인도 마찬가지다. 피츠버그 대학의 모리시오

델가도Mauricio Delgado 교수는 지겨운 작업을 반복할 경우 뇌에서 어떤 반응이 일어나는지 실험하기 위해 지루한 게임을 하나 고안해냈다.[6] 실험 참가자들에게 컴퓨터 화면에 표시될 숫자가 5보다 클지 작을지를 예측하게 한 다음 1~9까지 임의의 숫자를 참가자들의 컴퓨터 화면에 표시되게 한 것이다.

델가도 교수는 이런 따분한 게임 중에 뇌에 어떤 변화가 나타나는지 확인하기 위해 실험 참가자들을 MRI(자기공명영상) 기기에 눕히고 숫자를 맞히게 했다. 델가도 교수는 이 게임이 워낙 단순하기 때문에 실험 참가자들이 곧 지쳐서 실험 결과가 제대로 나오기도 전에 게임을 그만둔다고 할까봐 걱정까지 했다.

그러나 그의 생각과 달리 실험 참가자들은 이 단순한 게임에 점점 빠져들었다. MRI 기계에 누워 꼼짝도 못하면서 자신이 숫자를 맞혔다고 환호성을 지르는 참가자도 있었고 심지어 실험이 끝난 뒤에 이 게임을 집에서 할 수 있도록 복사해달라고 조르는 참가자도 있었다.

이 같은 뜻밖의 반응에 흥미를 느낀 델가도 교수는 다음 실험에서 실험 참가자들을 둘로 나누었다. 한 그룹은 처음 실험과 같이 실험 참가자 자신이 숫자가 5보다 클지 작을지를 예측하게 했지만 다른 그룹은 컴퓨터가 5보다 클지 작을지를 예측하고 실험 참가자는 컴퓨터가 맞았는지 틀렸는지만 표시하게 했다.

그 결과 첫 번째 그룹은 이전 실험과 같이 큰 흥미를 보이며 게임을 계속했지만 두 번째 그룹은 곧바로 싫증을 내고 지루해했다. 결국 선택권 하나 때문에 따분한 실험이 흥미로운 실험으로 바뀐 셈이었다. 이후 델가도 교수의 실험과 유사한 실험이 계속되었다. 그 결과 사람들은 자신이 통제권과 선택권을 갖고 있다고 생각할 때 더욱 열심히 노력하고 자신감도 커진다는 사실이 드러났다.

역전을 꿈꾸는 사람에게 가장 중요한 것은 그를 움직이는 '동기'를 잃지 않는 것이다. 스스로 도전할 의지를 불러일으키는 것은 물론 팀 전체의 성과를 높이는 데도 동기부여가 핵심이다. 그리고 동기를 부여하기 위해 가장 중요한 것은 '선택권'과 '결정권'을 주는 것이다.[7]

부서 선택은 물론 업무 분담도 스스로 하게 하면 훨씬 더 열정적으로 업무를 추진하면서 더 큰 성과를 내게 된다. 따라서 기업이 성과를 높이려면 우선 직원들의 선택권을 확대해야 하고 조직 구성원도 스스로 자신의 선택의 폭을 넓혀나가려는 노력을 해야 한다.

그럼에도 당장 조직 내에서 아무런 선택권을 확보할 방법이 없다면 조직이 기회를 줄 때까지 막연히 기다릴 것이 아니라 자신의 발전을 위해 스스로 미래를 '선택'하고 착실하게 자신만의 목표를 이루어나가야 한다. 지금처럼 급변하는 환경에서는 조직도 끊임없이 바뀌기 때문에 자신만의 실력을 쌓아가다 보면 반드시 기회가 오기 마련이다.

이 조언은 조직의 리더가 더욱 주목해야 할 내용이다. 개인적인 경험을 털어놓자면, 회사의 경영 상태가 악화일로를 걷기 시작할 즈음 새로 출범하는 경제뉴스 제작팀을 맡은 적이 있었다. 예산을 극도로 절감하는 시기였기 때문에 인력과 예산이 기존 팀의 절반 수준밖에 되지 않았다. 더구나 자발적으로 지원한 것이 아니라 강제로 신규 팀에 배치된 팀원들의 사기와 의욕은 극도로 저하된 상태였다. 이런 상황에서 내가 팀을 이끌게 되자 많은 동료들이 실패할 것이라며 걱정했다. 심지어 한 국장급 선배는 내가 맡은 이 팀이 3개월 이상 유지되면 손에 장을 지지겠다고 할 정도였다.

하지만 팀을 맡은 이상 절대 실패할 수는 없었다. 우선 인력 부족 문제를 해결하기 위해 모든 팀원들이 다른 팀보다 조금씩 더 많은 일을 담당해야 했다. 그래서 내가 택한 방법은 팀원 각자가 추가로 맡을 업무를 최대한 스스로 '선택'하게 한 것이었다. 추가적으로 늘어난 업무에 불만이 없지는 않았지만 하지 않으면 안 되는 상황에 대한 인식을 팀원들과 공유하자 자발적으로 일을 맡겠다는 적극적인 팀원들이 하나둘씩 나타났다. 그런 팀원에게는 그에 걸맞은 권한을 부여하여 스스로 업무 규칙을 만들게 했다. 이렇게 선택권을 가진 팀원들은 더욱 효율적으로 일하는 최적의 방법을 찾아냈다.

방송 인력이 부족할 경우 가장 큰 문제점은 더블 체크를 할 인원이 없기 때문에 방송 사고에 취약해진다는 점이었다. 이를 극복하기 위해 방송과 관련해서는 누구든 자유롭게 문제를 지적할 수 있는 분위기를 만들었다. 특히 직위와 관계없이 오류를 체크할 수 있도록 내가 사인한 원고에서 문제를 발견한 팀원을 더욱 극찬했다.

인력이 부족할 경우 또 하나의 문제점은 새로운 시도를 할 여유가 없다는 점이었다. 그래서 팀원이 자발적으로 새로운 아이디어를 내면 무조건 시도해보게 하고 나서 그 결과를 보고 판단하는 방식을 사용했다. "자주 시도하고 자주 실패하라"는 실리콘밸리의 모토를 실천한 셈이었다.

이처럼 업무 분장과 조직 운영 방식이 시스템으로 정착되기 시작하자 인력이나 예산이 다른 팀의 절반 수준밖에 안 된다는 사실을 잊을 만큼 쉽게 일하면서도 꽤 괜찮은 성과를 내기 시작했다. 그만큼 업무에 있어 '선택의 힘'은 모든 팀원들의 사기와 능률을 끌어올리는 놀라운 힘을 갖고 있다.

만일 자신과 팀원들의 열정과 에너지를 최대한 끌어올려 높은 성과를 내고 싶다면 선택의 힘을 활용할 자신만의 방법을 찾아내야 한다. 이 책에서 소개한 심리학자들의 연구나 아리스토텔레스 프로젝트가 그 해답을 찾는 열쇠가 되어줄 것이다.

하지만 조직이 오래되고 관료화될수록 조직의 중요한 선택권은 점점 더 위로 올라가 소수의 의사결정권자에게 집중된다. 그 결과 일선 직원들의 선택권은 하나둘 줄어들게 되어 명령과 지시에 의해 움직이는 수동적인 조직으로 전락하기 쉽다. 이런 조직에서 직원들의 일에 대한 자부심이나 열정을 기대하는 것은 불가능에 가깝다.

뒤늦게 시장에 진출한 후발 기업이나 점점 시장에서 밀려나기 시작한 기업이 대역전을 꿈꾼다면 가장 먼저 해야 할 일은 직원들에게 적절한 선택권을 부여하는 것이다. 사람은 남이 시킨 일을 할 때보다는

자신이 스스로 선택한 일을 자발적으로 하고 있다고 믿을 때 최선을
다하게 된다는 점을 명심하라.

즐거워야 추격할 수 있다 : 노는 개미가 필요한 까닭

미국 캘리포니아주 마운틴뷰에 위치한 구글 본사 캠퍼스는 성인들을
위한 거대한 놀이터를 연상시킨다. 특히 2층과 1층을 연결하는 미끄
럼틀, 수영장, 작은 공연장, 마사지실은 물론 곳곳에 널린 장난감 같
은 소품들은 구글이 지향하는 회사 분위기가 어떤 것인지를 분명하
게 보여준다.

　사실 구글만이 아니라 창의적인 기업들은 대부분 직원들이 마음껏
쉬고 노는 공간을 만들기 위해 아낌없는 투자를 하고 있다. 숙박 공
유 업체 에어비앤비는 《이상한 나라의 앨리스》의 원더랜드Wonderland
를 그대로 옮겨놓은 듯한 파우더룸이나 온갖 곤충 소리가 가득한 정
글을 본사 안에 재현해놓았다.

　페이스북은 축구장 일곱 개 면적에 이르는 넓은 건물을 사방이 탁
트인 개방형 사무 공간으로 꾸며놓았다. 여기에 15명의 아티스트가
건물 벽면을 다채로운 색감의 미술관처럼 꾸몄고 본사 주변에는 직
원들의 힐링을 위해 1.6킬로미터 길이의 예쁜 산책길까지 만들었다.

　대부분의 평범한 기업들은 직장을 근무시간에 한눈팔지 않고 일에

창의적인 기업일수록
직원들이 마음껏 놀고 쉴 수 있는 공간을 만드는 데
아낌없이 투자한다.
창의성만큼 역전의 원동력이 되는 것이 있을까?

하나의 예술 작품이자 놀이디같이 제기발랄한 구글 본사 캠퍼스(상). 마치 상상 속의 공간 같은 에어비앤비 캠퍼스(중). 페이스북 캠퍼스(하)는 축구장 일곱 개 면적에 이르는 탁 트인 개방형 사무 공간과 상상력을 자극하는 벽화를 자랑한다.

집중할 수 있는 공간으로 만들기 위해 노력한다. 하지만 세계에서 가장 창의적인 기업들은 반대로 직원들이 마음껏 놀고 쉴 수 있는 공간을 만드는 데 아낌없이 투자하고 있다. 도대체 왜 이들은 이렇게까지 직원들이 잘 놀 수 있도록 신경을 쓰는 것일까?

우리는 흔히 열심히 일하는 사람을 보고 '개미처럼 일한다'고 말하지만 사실 이것은 잘못된 표현이다. 프랑스의 저명한 소설가인 베르나르 베르베르가 《개미》[8]에서 소개한 것처럼 개미 집단을 면밀히 관찰해보면 전체 개미의 20퍼센트만 열심히 일하고 나머지 80퍼센트는 대부분의 시간을 빈둥거리면서 보낸다.

더욱 희한한 것은 곤충학자들이 일하는 개미 20퍼센트를 무리에서 떼어놓자 그중 20퍼센트만 일을 하고 나머지 80퍼센트는 빈둥거렸다는 사실이었다. 반대로 노는 개미 80퍼센트를 따로 떼어놓아도 다시 그중에서 20퍼센트는 일을 했다. 그렇다면 왜 개미의 세계에서는 무리의 80퍼센트나 빈둥거리는 낭비가 일어나는 것일까?

이에 대해 세계적인 진화생물학자인 하세가와 에이스케長谷川英祐 홋카이도대 교수는 80퍼센트의 개미가 노는 것은 결코 낭비가 아니라고 말한다.[9] 실제로 열심히 일하는 개미만 100퍼센트 모여 있는 개미 집단보다 빈둥대는 개미가 적당히 섞여 있는 개미 집단이 먹이를 훨씬 더 잘 찾았다.

열심히 일하는 개미들은 눈앞에 보이는 먹이만 열심히 옮길 뿐이다. 그들은 일하느라 바빠서 늘 다니던 길로만 다니기 때문에 새로운 먹이를 찾아내는 경우가 드물었다. 이에 비해 게으른 개미들은 이곳 저곳 돌아다니며 빈둥대다가 우연히 새로운 먹이를 찾아냈다.

개미가 알을 돌볼 때도 마찬가지다. 모든 개미가 동시에 열심히 일하다가 한꺼번에 지치게 되면 아무도 알을 돌보지 못하는 치명적인 결과가 올 수 있다. 이 때문에 모든 개미가 열심히 일만 하기보다는 적당히 노는 개미가 있어야 개미 집단의 존속 가능성이 높아진다는 것이다.

일본의 구조주의 생물학자인 이케다 기요히코池田清彦 와세다대 교수도 80퍼센트의 노는 개미가 있어야 예측 불허의 상황에 대비하고 위기 대응 능력을 높일 수 있다고 강조한다.[10] 예상하지 못했던 일이 일어나면 열심히 일만 하던 20퍼센트보다 적당히 일하면서 빈둥거리던 80퍼센트의 개미가 생존할 확률이 높았다. 결국 80퍼센트의 개미가 노는 것은 불필요한 낭비가 아니라 끝없이 변화하는 환경에서 집단의 생존 확률을 높이는 자연의 지혜인 셈이다.

사람도 환경 변화에 대한 적응력을 높이고 새로운 먹거리를 찾는 혜안을 키우려면 잘 노는 것이 무엇보다 중요하다. 이와 관련해 로버트 루트번스타인Robert Root-Bernstein 교수가 이끄는 미시간대 연구팀의 연구 결과를 참고해볼 필요가 있다. 연구팀은 노벨상 수상자들이 지닌 결정적인 차이를 찾아내기 위해 1901년부터 2005년까지 노벨상을 수상한 과학자와 다른 과학자들을 비교하는 연구를 진행했다.[11]

연구팀은 노벨상을 받은 과학자들이 다른 과학자들보다 오랜 시간

연구에 몰두하거나 지능지수가 훨씬 높은지 확인했다. 그러나 연구 시간이나 지능지수 측면에서 노벨상 수상자들은 다른 과학자들과 거의 차이가 없었다. 심지어 노벨상 수상자 중 12명은 학교 성적이 평범했고 지능지수도 일반 대졸자들의 평균 수준에 불과했다.

그런데 생각지도 못했던 측면에서 노벨상 수상자들만의 독특한 특징이 나타났다. 노벨상 수상자들은 다른 과학자들에 비해 예술 활동이나 취미 활동을 하는 경우가 월등히 많았다. 특히 직접 무용이나 마술 등의 공연을 하는 경우가 일반 과학자보다 22배나 많았고 소설이나 시를 쓰는 경우도 12배나 되었다. 목공이나 유리 공예 같은 각종 공예를 하는 사람도 7.5배나 많았고 미술 관련 활동을 하는 비율은 일곱 배, 음악 관련 활동을 하는 비율은 두 배 높았다.

미시간대 연구팀은 노벨상 수상자들이 예술 활동을 했다는 점이 중요한 것이 아니라 스스로 그런 다양한 경험을 찾아다니고 흥미로운 방식으로 여가를 즐기며 제대로 노는 것이 창의성을 높이는 가장 중요한 열쇠라고 결론 내렸다.

진정한 혁신은 다양한 일에 호기심을 갖고 독특한 경험을 해온 사람들만의 영역이다. 눈앞의 업무에만 몰두해 모든 시간을 투자하는 사람들은 평상시 조직을 유지하는 데는 도움이 되지만 새로운 혁신의 주체가 되기는 쉽지 않다. 마치 80퍼센트의 노는 개미가 새로운 먹거리를 찾아내듯, 다양한 경험을 해본 사람만이 새로운 것을 찾아낼 수 있다.

노벨상 수상자들은 다른 과학자들에 비해
예술이나 취미 활동을 하는 비율이 월등히 높았다.
혁신은 다양한 일에 호기심을 갖고
독특한 경험을 해온 사람들만의 영역이다.

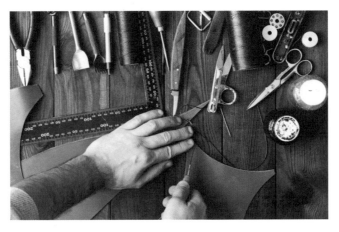

연구 결과, 노벨상 수상자들은 목공이나 유리 공예 같은 공예를 하는 사람이 다른 과학
자들에 비해 7.5배나 많았다.

스티브 잡스는 애플 컴퓨터를 개발하고 5년이 지난 1982년 "혁신적인 일을 하려면 다른 사람들과 똑같은 경험을 해서는 안 된다"고 강조했다. 실제로 잡스가 첫 직장이었던 아타리에서 일하면서 어느 정도 돈을 모으자 가장 먼저 한 일은 회사의 만류에도 불구하고 인도로 여행을 떠난 것이었다.

조직도 마찬가지다. 흔히 조직이 눈앞에 주어진 일을 충실히 하는 '일벌레'들로만 구성되어 있으면 더욱 효율적일 것이라고 생각하기 쉽지만 그런 조직은 작은 변화에도 적응하지 못하고 쉽게 도태될 수밖에 없다. 더구나 그런 조직이 창의적이고 혁신적인 일에 도전하는 것은 불가능에 가깝다.

역전을 꿈꾸는 후발 주자에게 가장 중요한 것은 바로 조직원들로부터 혁신의 에너지를 이끌어내는 것이다. 자신의 조직을 혁신적이고 창의적으로 바꾸고 싶다면 뛰어난 인재를 뽑는 것보다 조직 구성원들의 창의성을 자극하는 다양한 경험의 기회를 만들어주는 것이 더 중요하다. 앞서 소개한 구글이나 페이스북, 에어비앤비 같은 창의적인 기업들이 회사를 마치 놀이터처럼 자유분방하게 꾸며놓은 이유는 '제대로 노는 것'이야말로 진정한 역전의 원동력이라는 사실을 잘 알고 있기 때문이다.

'경험 함정'에 빠진 조직을 구하려면

애플보다 훨씬 먼저 스마트폰과 태블릿 PC를 개발해 상품화했던 기업은 노키아였다. 핀란드의 창의적인 인재를 싹쓸이하다시피 모두 끌어 모은 노키아는 스마트폰이나 태블릿 PC 같은 시대를 앞서가는 제품들을 내놓았다. 하지만 스마트폰이 기존 휴대전화 시장에 악영향을 미칠 것이라고 생각한 경영진이 적극적으로 밀어주지 않았다.

노키아의 스마트폰 마케팅 담당이었던 아리 하카라이넨Ari Hakkarainene은 2010년 9월 《뉴욕 타임스New York Times》와의 인터뷰에서 "노키아는 2004년 애플이 아이폰을 출시하기 몇 년 전에 아이폰과 비슷한 기능의 스마트폰 개발을 마쳤지만 경영진이 수익성 악화를 이유로 출시를 반대했다"는 이야기를 털어놓았다.[12]

애플의 앱스토어와 같은 개념의 애플리케이션 마켓도 노키아의 개발팀이 애플보다 3년이나 앞서 구상했지만 그 무한한 가능성을 알아채지 못한 노키아의 경영진은 이런 혁신적인 아이디어들을 곧바로 사업으로 연결시키지 못하고 시간만 낭비했다. 그 결과 경쟁력을 잃어버린 노키아는 심각한 경영 위기에 빠졌고 2013년에는 핵심 사업인 휴대전화 부문을 마이크로소프트에 매각해야 했다.

노키아는 아무리 세계 최고의 기업이라도 조직이 관료화되면 어떻게 추격자에게 역전을 당해 순식간에 무너지는지를 보여준 전형적인 사례다. 관료화된 조직은 새로운 도전에 나서는 사람들을 철저히 배척하고 변화를 거부한 채 과거의 방식이 앞으로도 최선일 것이라고 스스로를 설득하며 서서히 몰락하게 된다.

이런 조직 문화가 지속되면 새로운 아이디어를 내던 '모난 사람들'은 회사를 떠나거나 자신의 생각을 드러내지 않게 되고 겉보기에 둥글둥글한 '무난한 사람들'만 살아남게 된다. 이렇게 남과 다른 독특한 생각을 하는 사람들이 모두 떠나고 남은 사람들은 새로운 생각을 표출하지 못하도록 억압받게 되면 아무리 뛰어난 기업이었더라도 결국 그저 그런 기업으로 전락하는 것은 시간문제다.

관료화된 조직에서 가장 심각한 일은 관리자가 자신의 어중간한 과거 경험에 기댄 '경험 함정Experience Trap'에 빠지는 것이다. 프랑스 인시아드 경영대학원의 키쇼어 센굽타Kishore Sengupta 교수는 어중간한 도전과 어중간한 실패로 의욕을 상실한 부서장들이 경험 함정에 빠지게 되면 다른 구성원들의 성공을 향한 도전 의지마저 차단해버리게 된다고 강조한다.

많은 경험을 쌓은 사람들이 관리자가 되면 일상적인 일들을 처리하는 데는 유리할 수 있다. 하지만 그런 경험 때문에 세상을 보는 시각이 과거의 특정한 방식에 매몰되어 있는 부서장들은 세상의 변화를 감지하지 못한다. "나 때는 그러지 않았는데"라든지 "내가 경험해봐서 아는데" 등이 혁신적인 팀원들의 도전 의지를 꺾는 부서장들의 상투적인 말이다.

경험 함정에 빠진 관리자는 새로운 아이디어를 내는 능력이 완전히 퇴화된 대신 어떤 혁신적인 아이디어도 좌절시킬 수 있는 논리와 경험으로 무장되어 있다. 더구나 경영진이 새로운 변화에 대한 불안감 속에서 자신의 밥그릇을 지키는 데만 몰두하게 되면 더욱 격렬하게 새로운 아이디어를 거부하고 좌절시키게 된다.

혁신이 사라진 조직에서 과거의 방식대로 열심히 일만 하라고 쥐어짜는 것으로는 결코 위기를 돌파하고 새로운 반전의 기회를 만들 수 없다. 조직의 구성원들이 마음껏 새로운 생각을 하고 얼마든지 생각을 표출할 수 있는 자유로운 분위기를 만들어야만 역전의 길을 찾아낼 수 있다.

전체가 놀 수 없다면 '노는 팀'을 만들어라

관료화된 조직이 단번에 페이스북이나 에어비앤비처럼 끊임없이 새로운 아이디어를 내놓는 혁신적인 조직으로 탈바꿈하기란 쉽지 않은 일이다. 일단 조직이 관료화되면 혁신을 하는 것보다 눈앞의 일을 충실하게 수행하는 사람이 더 높은 평가를 받기 때문에 기존의 패러다임을 깨는 혁신적인 아이디어가 나오기 어렵다. 더구나 조직의 규모가 큰 경우에는 혁신적인 조직으로 전환하는 과정에서 온갖 이해관계가 부딪히면서 좌초할 가능성도 적지 않다. 지금처럼 경쟁 환경이 급변하는 상황에서 혁신 조직으로 전환하는 데 오랜 시간이 걸리면 자칫 조직이 낙오될 가능성도 크다.

이런 경우에는 끊임없이 새로운 생각을 하고 이를 마음껏 표출할 수 있는 자유분방한 부서, 즉 '노는 팀'를 따로 만드는 것도 좋은 방법이다. 이를 거점으로 조직 전체에 새로운 혁신의 바람을 불러일으켜서 기존의 프레임을 자신에게 유리하게 바꾸는 새로운 역전의 원동력을 찾는 것이다.

하세가와 에이스케 교수의 연구에서 '노는 개미'가 새로운 먹거리를 찾아내고 조직의 생존 가능성을 높인 것처럼, 노는 팀은 마음껏 새로운 아이디어를 탐색하고 혹시나 닥쳐올지 모를 변동성에 대비하는 부서다.

노는 팀에 굳이 관료주의적인 이름을 붙인다면 '장기전략팀' 정도가 될 것이다. 하지만 이런 관료적 이름으로는 노는 팀의 성격을 정확하게 규정지을 수 없다. 노는 팀은 기존의 모든 틀에서 벗어나 마음껏 미래를 상상하는 혁신에 특화된 조직이다. 팀 스스로 자유롭게 과제를 선정하고 미래를 설계하는 과정에서 관료주의의 간섭을 받지 않으며, 오직 결과로만 평가받아야 한다.

노는 팀의 역할은 크게 세 가지로 나눌 수 있다. 우선 기존 조직의 통상적인 활동만으로는 시도하기 어려운 혁신에 도전하여 패러다임을 바꾸는 것이다. 기업은 흔히 고객의 니즈를 분석해 제품을 개발하는 방식으로 신제품을 내놓지만 이런 방식만으로는 기존의 사업을 완전히 넘어서는 새로운 혁신을 기대하기 어렵다.

TV의 탄생 과정을 생각해보자. TV는 가정에서 여가를 보낼 도구가 필요하다는 시장 분석의 결과로 탄생한 것이 아니라 소비자들이 생각하지도 못한 새로운 기술 혁신의 결과물이다. 이런 혁신은 시장의 니즈를 분석해 제품을 개발하는 일상적인 방식만으로는 결코 탄생할 수 없다. 이 때문에 기존 패러다임을 뛰어넘는 새로운 혁신을 위해서는 마음껏 미래를 상상하는 노는 팀이 필요하다.

노는 팀의 두 번째 역할은 사장되고 있는 젊은 인재들의 뛰어난 아이디어를 혁신의 원동력으로 이끌어내는 것이다. 관료화된 조직에서 생각이 통통 튀는 젊은 직원이 남들이 생각지도 못한 혁신적인 아이디어를 팀장에게 제출하면 어떻게 될까? 기존 조직의 부서장들은 자신의 경험 함정에 빠져 이런 아이디어를 말도 안 되는 것으로 생각하고 묵살할 것이다. 간혹 아이디어를 채택한다 해도 부서장이 그 공로를 차지하는 경우가 대부분이다.

이렇게 자신의 아이디어가 사장되거나 이를 빼앗기는 경험이 누적되면 그 조직에는 더 이상 혁신적인 아이디어를 내는 직원들이 나타나지 않게 된다. 소중한 아이디어의 낭비를 막고 조직에 지속적으로 혁신의 바람을 불어넣기 위해서는 혁신적인 아이디어를 갖고 있는 사람들을 주기적으로 선발해 마음껏 끼를 발휘할 기회를 주는 별도의 '노는 조직'이 필수적이다.

셋째, 노는 팀은 기존 관료 조직의 저항을 넘어 새로운 혁신을 모든 조직으로 확산시키는 중요한 거점이 될 수 있다. 새로운 혁신이 가져올 성과가 크면 클수록 기존 질서나 시장 구조를 송두리째 바꾸는 경우가 많기 때문에 조직들의 이해관계가 첨예하게 대립하게 되고 조직 내의 저항도 거세진다.

아무리 뛰어난 혁신이라도 처음에는 시행착오가 있을 수밖에 없다. 이해관계가 충돌하는 기존 조직은 초기의 작은 실수를 빌미로 혁신을 좌초시키려 한다. 이러한 저항을 넘어서 혁신을 추진하기 위해서는 기존의 관료적인 조직과 의사결정이 분리되어 있는 별도의 노는 팀이 중요한 역할을 할 수 있다.

그렇다면 노는 조직을 혁신의 구심점으로 키워나가려면 어떻게 해야 할까? 가장 중요한 것은 노는 조직에 걸맞은 사내외의 인재를 발굴하여 하나의 팀으로 모으는 것이다. 인재를 찾아내는 방법으로는 전 직원을 대상으로 하는 혁신 경진대회를 들 수 있다.

와튼 스쿨의 조직심리학 교수인 애덤 그랜트는 혁신 경진대회를 열려면 막연한 아이디어가 아니라 특정 사안이나 애로 사항을 해결할 구체적인 방안을 내게 하라고 강조한다.[13] 특히 일정한 시간 동안 경쟁 상대의 아이디어를 서로 평가하게 하고 가장 독창적인 제안서들을 골라 다시 경쟁시키는 치열한 경합 과정을 거쳐야 한다.

혁신 경진대회에서 가장 중요한 것은 대회 우승자들이 자신의 아이디어를 스스로 추진할 기회를 100퍼센트 보장해주어야 한다는 것이다. 이렇게 찾아낸 혁신적인 아이디어를 단 한 번만이라도 다른 사람에게 넘긴다면 더 이상 뛰어난 아이디어가 나오지 않을 것이다.

혁신 경진대회로 노는 팀을 선발하는 방식 외에 다양한 방식으로 팀을 구성할 수 있다. 예를 들어 조직 내부에서 발굴하기 어려운 분야의 인재를 외부에서 영입하는 것도 좋은 방법이다. 미국의 GE사는 5년 뒤에 주방이 어떻게 바뀔지를 연구하는 별도의 팀을 구성하기 위해 저명한 가정생활 전문 사회학자인 넬슨 푸트Nelson Foote를 영입하기도 했다.

노는 조직을 운영할 때는 기존 조직과 달리 독립적으로 움직이게 해야 한다. 예를 들어 세계적인 식품 업체인 네슬레Nestlé는 도시의 바쁜 직장인들이 쉽게 에스프레소를 내려 마실 수 있도록 캡슐 커피 회사를 만들기로 하고 네스프레소Nespresso라고 이름을 지었다. 그런데 네스프레소는 기존의 커피 사업부와 경쟁 관계에 있기 때문에 사업의 성공을 위해서는 반드시 자율적인 사업 운영과 경영이 보장되어야 했다. 그래서 네슬레는 네스프레소 조직을 아예 본사와 멀리 떨어진 다른 도시에 만들어 물리적으로 떨어뜨려놓았고 이러한 독립 경영을 통해 네스프레소는 기존의 경쟁 업체들을 따돌리는 대역전에 성공할 수 있었다.

이처럼 조직 안에서 새로운 역전의 가능성을 찾아낼 노는 팀을 구성할 때는 지역, 조직, 인사, 회계 등을 기존의 부서들과 분리하는 방화벽을 만들어야 한다. 그래야만 노는 팀이 다른 조직의 영향을 받지 않고 미래를 설계하는 본연의 역할을 100퍼센트 수행할 수 있기 때

네스프레소는 세계적인 식품 업체인 네슬레가 기존의 다른 조직의 간섭을 받지 않도록 조직을 분리해 성공한 대표적인 케이스다.

문이다.

마지막으로 노는 팀을 독립적으로 운영하되, 여기서 거둔 성과는 회사가 공유할 수 있어야 한다. 일단 노는 팀이 성과를 내기 시작하면 성공 요인을 철저히 분석하고 조직 전체로 확산시켜야 한다. 이를 통해 조직 전체에 통용될 수 있는 역전의 DNA를 찾아낸다면 아무리 관료화된 조직이라도 얼마든지 새로운 추격의 원동력을 갖출 수 있을 것이다.

<li>
</li>

혁신의 방아쇠, 스컹크 워크스처럼

일상의 업무로부터 분리된 노는 팀은 기존에 생각하지 못했던 새로운 혁신을 이끌어내는 데는 강력한 힘을 발휘한다. 하지만 명확한 혁신의 목표가 있을 때는 노는 팀과 달리 짧은 시간에 집중적으로 특정 목표에 몰두하는 '스컹크 워크스Skunk Works' 방식으로 팀을 구성하는 것이 더 효과적이다.

1943년 미국의 항공 회사인 록히드Lockheed Corporation사의 수석엔지니어 켈리 존슨Clarence L. Kelly Johnson은 미 공군 전략사령부에서 걸려온 전화 한 통을 받았다. 당시 미 공군의 주력 전투기는 여전히 프로펠러 기종인 'P-51'이었는데, 독일이 먼저 군용 제트기를 개발했다는 내용이었다.

프로펠러 비행기보다 훨씬 빠른 제트기는 커다란 위협이었다. 만약 독일이 제트기를 대량생산이라도 하게 되면 미국은 제공권을 완전히 잃어버릴 수도 있는 상황이었다. 이 때문에 미 공군 전략사령부는 당시 기초 연구 단계였던 군용 제트기를 150일 안에 완성해달라는 요청을 록히드사에 했던 것이다.[14]

하지만 군용 제트기를 그렇게 빠른 시간 내에 완성하는 것은 군수산업의 특성상 쉬운 일이 아니었다. 군수산업체 같은 관료 조직에서는 새로운 기술을 개발해도 이를 승인받아 실제로 적용하는 데는 오랜 시간이 걸릴 수밖에 없었다. 존슨은 미 공군이 요청한 시간 안에 제트기를 완성하려면 군용 제트기 개발팀을 기존 조직에서 완전히 분리시키는 방법밖에 없다고 생각했다.

그는 뛰어난 엔지니어들을 차출해 팀을 만들고 캘리포니아수 버뱅크에 있는 서커스 텐트를 하나 빌려서 군용 제트기를 개발하기 시작했다. 그런데 텐트 옆에는 항상 고약한 냄새가 나는 플라스틱 공장이 가동되고 있었기 때문에 제트기 개발팀은 자신들의 일터를 스컹크 워크스Skonk Works(나중에 'Skunk Works'로 바뀌었다)라고 불렀다.

존슨은 제트기 개발팀에게 항공기 디자인에 대한 고정관념을 버리고 아무리 괴상해도 좋으니 자유롭게 설계해보라고 지시했다. 그리고 록히드의 거대한 관료 조직이 제트기 개발에 간섭하기는커녕 관련 정보에조차 접근할 수 없도록 출입을 완전히 차단해버렸다.

그 결과 존슨의 팀은 미 공군이 요청한 기간보다 일주일이나 빠른 143일 만에 미군 최초의 제트기인 'P-80 슈팅스타'를 완성하는 놀라운 성과를 이루었다. 이후 기존 조직과 차단된 채 상상력을 유감없이 발휘하는 스컹크 워크스 조직의 잠재력을 깨달은 록히드사는 도전적인 프로젝트를 수행할 때마다 이를 활용했다.

실제로 'U-2', 'SR-71', '나이트 호크', '랩터' 등 록히드가 자랑하는 수많은 프로젝트가 바로 스컹크 워크스 개발 방식으로 탄생했다. 이렇게 놀라운 성과가 계속되자 '스컹크 워크스'라는 단어는 경영진의 간섭에서 벗어나 독립적이고 자유롭게 프로젝트를 수행하는 팀이나 절차를 뜻하는 대명사가 되었다.

피터 디아만디스와 스티븐 코틀러Steven Kotler도 그들의 저서 《볼드BOLD》에서 어려운 목표를 달성할 때 스컹크 워크스 조직이 강력한 힘을 발휘한다고 말했다.[15] 업무의 효율성을 10퍼센트 정도 개선하는 것은 일반적인 조직으로도 충분하지만 10배의 수익을 창출할 일을 찾아

"일찍 실패하고, 자주 실패하고, 진취적으로 실패하라."
이제는 실리콘밸리의 정신이 되어버린 이 표어는
2차 대전 당시, 군수산업체 록히드사가 추구했던
절체절명의 지침이었다.

록히드사는 스컹크 워크스 방식을 통해 기한보다 빨리 미군 최
초의 제트기인 'P-80 슈팅스타'를 완성하는 놀라운 성과를 이
루었다.

내는 혁신은 스컹크 워크스가 더 효과적이라는 것이다.

　스컹크 워크스는 다른 조직과 달리 실패를 피하기 위한 조직이 아니라 오히려 끊임없이 새로운 시도를 통해 실패하기 위한 조직이다. 실리콘밸리에 표어처럼 자리 잡은 "일찍 실패하고, 자주 실패하고, 진취적으로 실패하라"는 말처럼 수없는 실패를 통해 이전에는 생각지도 못했던 새로운 길을 찾아가야 한다.

　'스컹크 워크스'와 앞서 소개한 '노는 팀'은 관료주의의 간섭에서 벗어나 독립적으로 운영된다는 점에서 공통점을 갖는다. 하지만 노는 팀의 운영 방식이 마음껏 자유롭게 새로운 혁신을 찾아나가는 것이라면 스컹크 워크스는 고도의 신속성과 집중력을 가지고 명확한 혁신 목표에 접근하는 조직이라는 점에서 차이가 있다. 이 때문에 노는 팀은 예기치 못한 변화에 대응하고 새로운 먹거리를 찾을 때 어울리는 조직이라면 스컹크 워크스는 단기에 집중적으로 목표를 달성할 때 어울리는 조직이다.

　오래되고 관료화된 조직을 단번에 구글과 같은 혁신 기업으로 바꾸는 것은 쉬운 일이 아니다. 하지만 노는 팀과 스컹크 워크스를 적극 활용해 하나둘씩 혁신에 성공한 사례가 나타나기 시작하면 관료화되고 무기력한 조직에 새로운 활력을 불어넣어 놀라운 역전의 발판을 마련할 수 있을 것이다.

고민하라, 분석하라,
그리고 역전하라

2001년 9월 11일 아침, 뉴욕에서 취재 중이던 나는 원래 세계무역센터를 방문할 예정이었다. 하지만 일정이 맞지 않아 세계무역센터를 포기하고 뉴저지 쪽으로 이동하고 있었다. 그런데 오전 9시쯤 라디오에서 비행기가 세계무역센터와 충돌했다는 충격적인 뉴스가 흘러나왔다. 전 세계를 경악시킨 9.11 테러가 일어난 것이다.

나는 타고 가던 차를 세우고 공중전화를 찾아 급히 KBS 본사로 전화를 했다. 그랬더니 지금 뉴욕 특파원이 행정 업무 때문에 한국에 들어와 있어서 현장에 기자가 부족한 상황이라며, 당장 테러 현장으로 들어가라는 지시가 내려왔다.

뉴욕 맨해튼으로 들어가는 길에는 이중, 삼중으로 바리케이드가 쳐져 있어 차량 진입이 아예 불가능했다. 나는 맨해튼 뉴욕 지국과 40킬로미터 정도 떨어진 곳에 있었던 데다 통화량이 폭주하면서 휴대전화마저 먹통이었다. 게다가 북한의 테러라는 소문도 있었기 때문에 한국인이 현장으로 진입하는 것은 무모한 생각일 수 있었다. 하지만 나는 9.11 테러를 취재해야 한다는 의무감에 동행했던 타사 기자들과 헤어져 혼자 작은 생수 한 병만 들고 맨해튼으로 걸어갔다.

밤 9시가 다 되어서 뉴욕 지국에 도착했다. 숨 돌릴 여유도 없이 지국에 도착한 직후부터 밤낮으로 취재와 방송이 끝없이 이어졌다. 한국과 시차가 14시간이었기 때문에 낮에는 9.11 테러 현장을 취재하고 밤에는 매시간 생방송을 해야 했다. 다행히 뉴욕 지국이 고용한 헌신적인 카메라 감독 덕분에 매일 현장감 있는 방송을 할 수 있었다. 그렇게 보름에 가까운 기간 동안 예정에 없던 긴급 취재를 하면서 한순간도 쉬지 못했지만 그런 역사의 현장을 단 하나도 놓치지 않기 위해 정말 몸을 아끼지 않고 취재를 했다.

그러던 중에 본사 감사실에서 전화 한 통이 걸려왔다. 감사실 간부는 나에게 "9.11 테러 취재의 현장성이 CNN이나 NBC 같은 미국의 방송사들보다 훨씬 떨어진다"며 그 경위를 설명하라고 했다. 그리고 "제대로 설명을 하지 못하면 그 책임을 묻기 위해 당장 현지 계약직 카메라 감독에 대한 감사에 착수하겠다"는 말도 덧붙였다.

황당한 전화에 그만 다리가 풀린 나는 뉴욕 거리 한복판에 주저앉고 말았다. 그동안의 모든 노력과 헌신이 무너지는 것 같았다. 그렇게 한참을 멍하게 있다가 간신히 몸을 추스르고 마지막 힘을 다해 감사실 간부에게 소리쳤다.

"미국 방송사들은 수십, 수백 명이 몰려와 취재를 하고 있습니다. 단한 명의 카메라 감독만으로 어떻게 미국 방송사와 같은 수준의 현장취재를 한다는 말입니까? 지금 당장 감사를 진행해 소중한 취재 시간을 빼앗고 우리 팀원의 사기를 꺾는다면 반드시 이 문제를 공론화하고 내 힘이 닿는 데까지 감사실과 싸우겠습니다."

다행히 이 엄포가 통했는지 뉴욕 현지 계약직 카메라 감독에 대한 감사는 중단되었다. 하지만 현장에는 단 한 명의 카메라 감독밖에 없어 악전고투를 하고 있는데 정작 회사는 방송을 위해 어떻게 지원할지를 고민하는 것이 아니라 취재도 끝나지 않은 상황에서 감사부터 거론하고 심지어 나와 같은 정규직 직원도 아닌 힘없는 현지 카메라 감독을 감사하겠다니 정말 너무나 어이가 없었다.

이 사건을 겪고 나서 내가 얼마나 조직을 몰랐는지를 반성하게 되었다. 조직에서 나 자신을 지키는 것을 넘어 팀을 위해 헌신한 소중한 나의 팀원까지 보호하려면 그저 최선을 다해 열심히 일하는 것만으로는 부족하다. 조직에서는 온갖 이해관계가 충돌하기 때문에 너무 열심히 일하면 견제를 받고 과도한 성과를 내면 오히려 팀이 해체당하는 불합리하고 부당한 일이 비일비재하게 일어난다.

자신이 조직에서 힘든 일을 도맡아하는데도 항상 불이익을 받고 있다는 생각이 든다면 일에 매진하는 것만큼 조직을 이해하고 소통하는 데에 충분한 시간을 할애해야 한다. 물론 장기적으로는 노력한 만큼 보상받고 잘못하면 불이익을 받는 정당하고 합리적인 조직을 만들어가는 것이 이상적이겠지만 당장 내가 속한 조직이 그렇지 못하다면 어떻게 해야 할까?

지피지기知彼知己면 백전불태百戰不殆라고 했다. 가장 합리적인 선택은 불의와 타협하는 것이 아니라 자신이 처한 환경과 자신의 역량을 철저히 분석하고 고민하여 주어진 조건에서 최상의 결과를 낼 수 있도록 전략적으로 노력하는 것이다. 조직과 자신을 정확하게 이해하고 대비해나간다면 그 어떤 부조리한 상황에서도 자신의 정도正道를 지키면서 얼마든지 성공과 역전을 이루어나갈 수 있다.

나는 〈다양한 시장 조건 하에서 기업의 추격 전략과 산업정책, 산업 동학 연구〉라는 추격과 역전을 다룬 논문으로 경제학 박사 학위를 받았다.[1] 연구 결과 새로 시장에 진입한 기업이 각기 다른 시장 환경에서 어떤 전략을 택하느냐에 따라 기업의 성패가 크게 엇갈렸다. 그 전략들을 소개하는 것이 이 책의 목적이었다. 그러나 앞서 9.11 테러 때의 경험에서도 보듯이 결국 기업이든 개인이든 극적인 역전을 꿈꾸고 있다면 우선 자신을 둘러싼 다양한 환경과 조건을 정확하게 꿰뚫어보는 것이 중요하다. 그다음으로 추격자의 눈으로 남들과 다르게 시장을 볼 수 있어야 한다. 경쟁자와 나를 정확하게 분석하는 지피지기의 눈이 있어야 기존의 시장 지배자들이 보지 못한 새로운 트렌드를 먼저 발견하고 자신에게 유리한 프레임을 찾아낼 수 있다.

안타깝게도 전 세계적으로 호황과 성장의 시대가 저물어간다. 재반등의 시기가 오겠지만, 당분간 우리는 위기와 불황이 만성화되는 시대를 살아야 한다. 그렇기에 더더욱 역전을 꿈꾸는 개인이나 기업은 위기나 불황을 두려워해서는 안 된다. 위기가 시작되면 기존의 시장 지배자들에게 유리했던 시장의 프레임이 흔들리기 때문에 후발 주자에게 더 많은 역전의 기회가 생기게 된다. 따라서 남들보다 뒤처져 있는 후발 주자일수록 남들이 모두 포기하는 위기의 순간에 더욱 맹렬하게 도전해야 한다.

나는 이 책의 프롤로그를 'JTBC의 KBS 역전 사례'를 분석하며 시작했다. 20년간 KBS에서 일한 기자로서 신생 JTBC가 뉴스의 오랜 전통 강자인 KBS를 역전한 상황을 역전의 대표 사례로 제시하게 된 현실이 뼈에 사무칠 정도로 안타깝고 가슴 아프다. 그럼에도 내가 굳이 JTBC의 거센 추격과 KBS의 몰락으로 책 서두를 시작한 이유는 이 역전이 끝이 아니기에, 그리고 지금 KBS는 이 위기를 '재역전'의 발판으로 삼기 위해 고군분투하고 있기 때문이다.

이 책의 출간을 앞둔 2017년 11월 현재, KBS는 공정 방송을 회복하기 위한 뉴스 제작 거부를 하고 있다. KBS가 뉴스 신뢰도나 선호도에서 JTBC에 역전당하며 지금과 같은 위기에 처한 가장 큰 이유는 언론의 기본인 공정성이 무너졌기 때문이다. 그러나 KBS 뉴스의 공정성과 신뢰도를 처참하게 무너뜨린 경영진은 KBS에 유리한 몇몇 프로그램의 시청률 현황만 붙잡고 눈앞에 닥쳐온 위기를 애써 외면하며 부인하고 있다.

이런 답답하고 참담한 상황에서 2017년 7월부터 나는 KBS기자협회장이라는 중책까지 맡게 되었다. KBS기자협회는 본사 기자들 560여 명 대부분이 가입한 단체로 공정 방송을 지키는 보루이기에, 기자협회장이 되면 KBS 경영진에 맞서는 싸움의 최전선에 서야 했다.

새로운 도전보다 재기가 더 어렵다. 지금 KBS의 구성원들도 그럴 것이다. 공정 방송에 대한 열망은 그 어느 때보다도 커졌지만 오랜 세월 온갖 부당 징계와 인사권에 눌려왔던 탓에 스스로의 힘을 확신하지 못하고 있다. 그간의 크고 작은 좌절과 무력감에서 벗어나는 것부터가 시작이다.

지금 KBS는 다시 역전을 꿈꾸고 있다. 진정한 역전은 시청률 따위로 타 방송사를 이기는 것이 아니라 KBS의 진정한 주인인 국민들의 품으로 돌아가는 것이다. KBS가 다시 국민의 방송으로 우뚝 서길 간절히 바라며, 많은 것들을 포기하고 제작 거부에 동참한 우리 동료들에게, 그리고 불리한 여건 속에서 역전을 꿈꾸는 모든 이들에게 이 책이 작은 힘과 용기가 되기를 희망한다.

주

프롤로그

1 김순덕, "뉴스 MBC · KBS 전쟁", 《동아일보》, 1994년 6월 4일.

2 안성모, "[2016 누가 한국을 움직이는가] 언론매체 / 신뢰도 JTBC, 영향력 KBS", 《시사저널》, 2016년 9월 13일.

1장

1 Lewis Carroll, *Through the Looking - Glass and What Alice Found There*, Books of Wonder, 1993.

2 William P. Barnett, *The Red Queen among Organizations: How Competitiveness Evolves*, Princeton University Press, 2016.

3 Andrew F. Smith, *Fast Food and Junk Food: An Encyclopedia of What We Love to Eat*, Greenwood, 2011.

4 리처드 돕스 · 서동록, "맥킨지의 한국기업을 위한 충고 '위기 극복' 이렇게 하라", 《조선일보》, 2008년 9월 20일.

5 삼성경제연구소, 〈불황기의 기업 대응 전략〉, 2008년 12월

6 박종훈 지음, 《빚 권하는 사회에서 부자되는 법》, 21세기북스, 2016년.

7 이근 지음, 《기업 간 추격의 경제학》, 21세기북스, 2008년.

8 http://www.gartner.com/technology/research/methodologies/hype-cycle.jsp

9 《빚 권하는 사회에서 부자되는 법》.

2장

1 Daniel B. Stewart, *Tesla: The Modern Sorcerer*, Frog Books, 1999.

2 콘스탄티노스 마르키데스 · 폴 게로스키 지음, 《Fast Second: 신시장을 지배하는 재빠른 2등 전략》, 김재문 옮김, 리더스북, 2005년.

3 Peter N. Golder and Gerad J. Jellis, "Pioneer Advantage: Marketing Logic or Marketing Legend?", *Journal of Marketing Research* 30, 1993.

4 編集部, "2年連續巨額赤字…パナソニック敗戰を徹底分析!", *Business Journal*, 2012. 11. 12.

3장

1 야마다 아키오 지음, 《생각 좀 하고 살아라: 야마다 아키오의 신나는 조언》, 남혜림 옮김, 처음북스, 2016년.

2 Jennifer Maloney, "Coke's New CEO James Quincey to Staff: Make Mistakes", *The Wall Street Journal*, May 9, 2017.

3 살림 이스마일·마이클 말론·유리 반 헤이스트 지음, 《기하급수 시대가 온다: 한계비용 0, 수익은 10배 많은 실리콘밸리의 비밀》, 이지연 옮김, 청림출판, 2016년.

4장

1 피터 틸·블레이크 매스터스 지음, 《제로 투 원: 스탠퍼드대학교 스타트업 최고 명강의》, 이지연 옮김, 한국경제신문사, 2014년.

2 피터 디아만디스·스티븐 코틀러 지음, 《볼드: 새로운 풍요의 시대가 온다》, 이지연 옮김, 비즈니스북스, 2016년.

3 Anshu Sharma, "Why Big Companies Keep Failing: The Stack Fallacy", *TechCrunch*, January 18, 2016.

5장

1 니얼 퍼거슨 지음, 《금융의 지배: 세계 금융사 이야기》, 김선영 옮김, 민음사, 2010년.

2 필립 코틀러·밀턴 코틀러 지음, 《필립 코틀러 어떻게 성장할 것인가?: 2013-2023 저성장 경제의 시장 전략》, 고영태 옮김, 청림출판, 2013년.

3 제임스 헤스켓·얼 새서·조 월러 지음, 《지금 당장 직원과 고객을 주인으로 만들어라》, 나준호 옮김, 유비온, 2011년.

6장

1 Michael E. Porter, "From Competitive Advantage to Corporate Strategy," *Harvard Business Review*, May, 1987.

2 "KPMG Identifies Six Key Factors for Successful Mergers and Acquisitions; 83% of

Deals Fail to Enhance Shareholder Value," *Risk World*, November 29, 1999.

3   신시아 A. 몽고메리 지음, 《당신은 전략가입니까: 세계 0.1%에게만 허락된 특권, 하버드 경영대학원의 전설적 전략 강의》, 이현주 옮김, 리더스북, 2013년.

4   말콤 글래드웰 지음, 《티핑 포인트》, 임옥희 옮김, 21세기북스, 2004년.

5   Malcom Gladwell, "The Sure Thing," *New Yorker*, January 18, 2010.

7장

1   김성호 지음, 《답을 내는 조직: 방법이 없는 것이 아니라 생각이 없는 것이다》, 쌤앤파커 스, 2012년.

2   《빚 권하는 사회에서 부자되는 법》.

3   Mark R. Lepper, David Greene, Richard E. Nisbett, "Undermining children's intrinsic interest with extrinsic reward: A test of the 'overjustification' hypothesis", *Journal of Personality and Social Psychology*, 28(1), 1973.

4   Amy C. Edmondson, "Psychological Safety and Learning Behavior in Work Teams," *Administrative Science Quarterly* 44, no. 2 (1999).

5   〈다큐프라임 - 공부 못하는 아이 5부작〉, EBS, 2015년 1월 05일~1월 13일.

6   M. R. Delgado, L.E. Nystrom, C. Fissell, D.C. Noll, J.A.Fiez, "Tracking the hemodynamic responses to reward and punishment in the striatum", *Journal of Neurophysiology* 84.6 (2000): 3072-3077.

7   찰스 두히그 지음, 《1등의 습관: 무슨 일이든 스마트하게 빠르게 완벽하게》, 강주헌 옮김, 알프레드, 2016년.

8   베르나르 베르베르 지음, 《개미》, 이세욱 옮김, 열린책들, 2002년.

9   하세가와 에이스케 지음, 《일하지 않는 개미》, 최재천 옮김, 서울문화사, 2011년.

10 이케다 기요히코 지음, 《죽도록 일만 하다 갈 거야?》, 김현경 옮김, 올댓북스, 2015년.

11 로버트 루트번스타인·미셸 루트번스타인 지음, 《생각의 탄생: 다빈치에서 파인먼까지 창조성을 빛낸 사람들의 13가지 생각도구》, 박종성 옮김, 에코의서재, 2007년.

12 《답을 내는 조직: 방법이 없는 것이 아니라 생각이 없는 것이다》.

13 애덤 그랜트 지음, 《오리지널스: 어떻게 순응하지 않는 사람들이 세상을 움직이는가》, 홍지수 옮김, 한국경제신문사, 2016년.

14 http://www.lockheedmartin.com/us/aeronautics/skunkworks.html

15 《볼드: 새로운 풍요의 시대가 온다》.

에필로그

1 Jonghoon Park, "Entry and Catch-up Strategies, Industrial Policies and Industrial Dynamics Under Different Market Regimes", Seoul National Univ, 2009.

참고문헌

- 김성호 지음, 《답을 내는 조직: 방법이 없는 것이 아니라 생각이 없는 것이다》, 쌤앤파커스, 2012년.
- 니얼 퍼거슨 지음, 《금융의 지배: 세계 금융사 이야기》, 김선영 옮김, 민음사, 2010년.
- 로버트 루트번스타인·미셸 루트번스타인 지음, 《생각의 탄생: 다빈치에서 파인먼까지 창조성을 빛낸 사람들의 13가지 생각도구》, 박종성 옮김, 에코의서재, 2007년.
- 말콤 글래드웰 지음, 《티핑 포인트》, 임옥희 옮김, 21세기북스, 2004년.
- 박종훈 지음, 《박종훈의 대담한 경제》, 21세기북스, 2015년.
- 박종훈 지음, 《빚 권하는 사회에서 부자되는 법》, 21세기북스, 2016년.
- 베르나르 베르베르 지음, 《개미》, 이세욱 옮김, 열린책들, 2002년.
- 살림 이스마일·마이클 말론·유리 반 헤이스트 지음, 《기하급수 시대가 온다: 한계비용 0, 수익은 10배 많은 실리콘밸리의 비밀》, 이지연 옮김, 청림출판, 2016년.
- 신시아 A. 몽고메리 지음, 《당신은 전략가입니까: 세계 0.1%에게만 허락된 특권, 하버드경영대학원의 전설적 전략 강의》, 이현주 옮김, 리더스북, 2013년.
- 애덤 그랜트 지음, 《오리지널스: 어떻게 순응하지 않는 사람들이 세상을 움직이는가》, 홍지수 옮김, 한국경제신문사, 2016년.
- 야마다 아키오 지음, 《생각 좀 하고 살아라: 야마다 아키오의 신나는 조언》, 남혜림 옮김, 처음북스, 2016년.
- 이근 지음, 《기업 간 추격의 경제학》, 21세기북스, 2008년.
- 이케다 기요히코 지음, 《죽도록 일만 하다 갈 거야?》, 김현경 옮김, 올댓북스, 2015년.
- 제임스 헤스켓·얼 새서·조 윌러 지음, 《지금 당장 직원과 고객을 주인으로 만들어라》, 나준호 옮김, 유비온, 2011년.
- 찰스 두히그 지음, 《1등의 습관: 무슨 일이든 스마트하게 빠르게 완벽하게》, 강주헌 옮김, 알프레드, 2016년.
- 콘스탄티노스 마르키데스·폴 게로스키 지음, 《Fast Second: 신시장을 지배하는 재빠른 2등 전략》, 김재문 옮김, 리더스북, 2005년.
- 피터 디아만디스·스티븐 코틀러 지음, 《볼드: 새로운 풍요의 시대가 온다》, 이지연 옮김, 비즈니스북스, 2016년.

- 피터 틸·블레이크 매스터스 지음, 《제로 투 원: 스탠퍼드 대학교 스타트업 최고 명강의》, 이지연 옮김, 한국경제신문사, 2014년.
- 필립 코틀러·밀턴 코틀러 지음, 《필립 코틀러 어떻게 성장할 것인가?: 2013-2023 저성장 경제의 시장 전략》, 고영태 옮김, 청림출판, 2013년.
- 하세가와 에이스케 지음, 《일하지 않는 개미》, 최재천 옮김, 서울문화사, 2011년.

- Andersen, E. S., "Innovation and Demand, The Elgar Companion to Neo-Schumpeterian Economics", Edward Elgar, 2003.
- Barnett, W. P., *The Red Queen among Organizations: How Competitiveness Evolves*, Princeton University Press, 2016.
- Barron, D. N., West, E., Hannan, M. T., "A time to grow and a time to die: Growth and mortality of credit unions in New York City, 1914-1990", *American Journal of Sociology*, 1994.
- Benhabib, J. and Rustichini, A., "Vintage capital, investment, and growth", *Journal of Economic Theory*, Elsevier, vol. 55(2), pages 323-339, 1991.
- Carroll, L., *Through the Looking-Glass and What Alice Found There*, Books of Wonder, 1993.
- Delgado, Mauricio R., et al., "Tracking the hemodynamic responses to reward and punishment in the striatum", *Journal of Neurophysiology* 84, 6 (2000): 3072-3077.
- Demirguc-Kunt, A. and Maksimovic, V., "Financial Constrains, Uses of Funds, and Firm Growth: An International Comparison", *Policy Research Working Paper* No. 1671. Washington, D.C; World Bank, 1996.
- Duetsch, L. L., "Entry and the Extent of Multiplant Operations", *The Journal of Industrial Economics* 32, 477-488, 1984.
- Edmondson, A. C., "Psychological Safety and Learning Behavior in Work Teams", *Administrative Science Quarterly* 44, no. 2 (1999).

- Golder, P. N. and Jellis, G. J., "Pioneer Advantage: Marketing Logic or Marketing Legend?", *Journal of Marketing Research* 30, 1993.

- Harris, M. N., "Entry and Barriers to Entry", *The Industrial Organization Review* 4, 165-174, 1976.

- Hikino, T. and Amsden, A. H., "Staying Behind, Stumbling Back, Sneaking Up, Soaring Ahead: Late Industrialization in Historical Perspective", *Convergence of Productivity: Cross National Studies and Historical Evidence*, New York: Oxford Univ. Press, 1994.

- Kessides, I. N., "Toward a Testable Model of Entry: A Study of the U.S. Manufacturing Industries", *Economica* 57, 219-238, 1990.

- Kleinknecht, A. and Verspagen, B., "Demand and Innovation: Schmookler Re-examined", *Research Policy*, vol. 19, 387-394, 1990.

- Lepper, M. R., Greene, D., and Nisbett, R. E., "Undermining children's intrinsic interest with extrinsic reward: A test of the 'overjustification' hypothesis", *Journal of Personality and Social Psychology*, 28(1), 1973.

- Malerba, F., Nelson, R. R., Orsenigo, L. and Winter, S. G., "History-friendly Models of Industry Evolution: The Computer Industry", *Indutrial and Corporate Change*, vol 14, 63-82, 1999.

- Malerba, F., "Sectoral Systems of Innovation: A Framework for Linking Innovation to the Knowledge Base, Structure and Dynamics of Sectors", *Economics of Innovation and New Technology*, vol. 14, 63-82, 2005.

- Mathews, J. A., "Strategy and the Crystal Cycle", *California Management Review*, 47(2): 6-32, 2005.

- Meyer, M. W. and Zucker, L. G., *Permanently Failing Organizations*, Newbury Park, Calif.: Sage Publications. 1989.

- Mills, D. and Schumann, L., "Industry structure with fluctuating demand", *American Economic Review*, 75(4), 758-767, 1985.

- Park, J., "Entry and Catch-up Strategies, Industrial Policies and Industrial Dynamics Under

Different Market Regimes", Seoul National Univ, 2009.

- Porter, M. E., "From Competitive Advantage to Corporate Strategy", *Harvard Business Review*, May 1987.
- Rosenbaum, D. I., "Profit, Entry and Changes in Concentration", *International Journal of Industrial Organization* 11, 185–203, 1993.
- Siegfried, J. J. and Evans, L. B., "Empirical Studies of Entry and Exit: A Survey of the Evidence", *Review of Industrial Organization* 9: 121–155, 1994.
- Smith, A. F., *Fast Food and Junk Food: An Encyclopedia of What We Love to Eat*, Greenwood, 2011.
- Stewart, D. B., *Tesla: The Modern Sorcerer*, Frog Books, 1999.
- Swann, P., "Rapid technological change, 'technological visions', corporate organization and market structure", *Economics of Innovation and New Technology*, 2 (2), 3–25, 1992.

이미지 출처

14 상_KBS(〈KBS 뉴스9〉, 2014.02.11.), 41_연합뉴스, 50_Shutterstock, 66_Lazarnick, Nathan, Burton Historical Collection, 74_카카오뱅크, 83_연합뉴스, 100_Adam Oram, 2010, 109_Eastman Kodak Company, 137 하_1912pike.com(Starbucks), 155_Shutter-stock, 158_연합뉴스, 161_연합뉴스, 171_Carlie Knoblock, AP, 207_Shutterstock, 217 하_Shutterstock, 237_연합뉴스, 243_EBS(〈EBS 다큐프라임-공부 못하는 아이〉 2부, 2015.01.06.), 249 상_Peter Wurmli(Camenzind Evolution), 중_Donal Murphy, Airbnb, 하_Jonathan Nackstrand, AFP, 253_Shutterstock, 265_Lockheed Martin

* 일부 저작권 확인이 되지 못한 도판에 대해서는 저작권을 확인하는 대로 통상의 비용을 지불하도록 하겠습니다.

문재인 대통령 추천!
밝은 지혜로 만 리를 내다보라!

KT경제연구소, 김난도, 박원순 추천
2017 세종도서 교양부문 선정

**"앞으로 인류는 이 책에서 제기한 문제들에 대해
지속적으로 고민하며 답을 찾아 나가게 될 것이다."**

명견만리   인구 · 경제 · 북한 · 의료 편

명견만리   미래의 기회 편 : 윤리 · 기술 · 중국 · 교육 편

명견만리   새로운 사회 편 : 정치 · 생애 · 직업 · 탐구 편

KBS 〈명견만리〉 제작팀 지음 | 각 권 15,800원

"개인도 국가도 만 리까지는 아니어도 10년, 20년, 30년은 내다보며 세상의 변화에 대비할 때입니다. 미래를 맞이하기 위해 무엇을 해야 할 것인가를 공감하기 위해 일독을 권합니다."   − 문재인 대통령

KT, 현대백화점, 풀무원 등
CEO가 추천하고 전 직원이 열독 중인 화제의 책!

네이버 출간 전 연재 45만 조회
교보문고 북모닝CEO 최다 조회 강의

**대기업 마케터부터 창업자들까지 열광한 기적의 강의
그 핵심을 담은 9가지 법칙**

좋아 보이는 것들의 비밀
보는 순간 사고 싶게 만드는 9가지 법칙

이랑주 지음 | 15,000원

무릎을 치는 통렬한 깨달음과 뒤통수를 얻어맞은 듯한 색다른 관점이 곳곳에 숨어 있다. 저자의 놀라운 생각의 '발로'
가 모두 '발로' 뛰어다니면서 현장에서 건져 올린 살아있는 깨달음의 보고이기 때문이다. 처음에는 '일리' 있는 이야기
처럼 들리다가 결국 가슴을 파고들며 마음을 뒤흔드는 마케팅과 브랜딩에 관한 만고불변의 '진리'가 이 책에 숨어 있
다. 한번 잡으면 손을 뗄 수 없는 지독한 책이다.

– 유영만(지식생태학자, 한양대 교수, 전 삼성경제연구소 책임연구원)

"당신의 미래, 이 책을 읽고 나서 결정하라!"

2017 국립중앙도서관 사서 추천도서
대선후보가 꼽은 '내 인생의 책 심상정 추천

선대인이 말하는 한국형 일자리의 7대 변화와
기업 · 개인 · 사회의 로드맵

일의 미래: 무엇이 바뀌고 무엇이 오는가
5년 뒤 당신은 어디에 있을 것인가

선대인 지음 | 15,800원

"우리는 '일자리' 문제를 이미 존재하는 어떤 기업의 빈자리에 들어가는 것으로 좁게 생각하는 경향이 있다. 일자리의
원래 목적에 집중하는 마인드를 가져야 한다. 일자리의 원래 목적은 소득을 얻기 위함이다. 즉, 내가 무엇을 해야 돈을
벌 수 있을까 하는 문제인 것이다."

– 본문 중에서

역전의 명수

초판 1쇄 발행 2017년 11월 27일
초판 3쇄 발행 2018년 3월 20일

지은이 | 박종훈
발행인 | 문태진
본부장 | 김보경
책임편집 | 김예원 편집2팀 | 김예원 정다이
표지디자인 | co*kkiri 본문디자인 | 윤지예 교정 | 윤정숙 조판 | 김성인

기획편집팀 | 김혜연 박은영 임지선 이희산
마케팅팀 | 한정덕 최지연 김재선 장철용 디자인팀 | 윤지예 이현주
경영지원팀 | 노강희 윤현성 김송이 박미경 이지복
강연팀 | 장진항 조은빛 강유정 신유리

펴낸곳 | (주)인플루엔셜
출판신고 | 2012년 5월 18일 제300-2012-1043호
주소 | (04511) 서울특별시 중구 통일로2길 16, AIA타워 8층
전화 | 02)720-1034(기획편집) 02)720-1024(마케팅) 02)720-1042(강연섭외)
팩스 | 02)720-1043 전자우편 | books@influential.co.kr
홈페이지 | www.influential.co.kr

ⓒ 박종훈, 2017

ISBN 979-11-86560-55-6 03320

* 이 도서의 국립중앙도서관 출판예정도서목록(CIP)은 서지정보유통지원시스템 홈페이지(http://seoji.nl.go.kr)와 국가자료 공동목록시스템(http://www.nl.go.kr/kolisnet)에서 이용하실 수 있습니다.(CIP제어번호: CIP2017025893)